职业教育工业互联网人才培养系列教材

工业数据采集技术与应用

湖南三一工业职业技术学院　｜ 组编
树根互联股份有限公司

主　编　白　斌　王理想　葛晓华
副主编　聂　健　华俊芳　秦　磊
参　编　田月霞　刘　照　张武金
　　　　王　正　张兴龙　张　炎
主　审　徐作栋

本书以工业互联网赋能工业企业进行数字化转型为背景,介绍工业企业数字化需求下的工业数据采集的现场实施方法。

本书首先对工业数据采集进行了概述性介绍,包括工业数据采集的定义、意义、范围、实现4方面内容;然后,设置了工业设备数据采集、生产能源数据采集、生产管理数据采集3种不同工业场景下典型的采集项目。在项目实施的过程中,重点介绍如何规划数据采集方案,运用什么工具、软件、硬件、耗材等实施采集工作,以及实施该工作需要掌握的知识和技能。书中的3个项目均从企业需求的场景故事引入需要完成的任务内容,并按照项目实施的关键工作环节设置任务,包括规划采集方案、安装调试采集设备、配置采集设备软件、接入工业互联网平台和校验数据。每个项目均配有操作视频,扫描书中二维码即可观看。

本书配有课程标准、教学计划、电子课件、习题库等教学资源,凡选用本书作为教材的教师,均可登录机械工业出版社教育服务网(http://www.cmpedu.com)注册后免费下载。咨询电话:010-88379375。

本书按64学时进行编写,可作为高职高专工业互联网相关专业的教材,还可供从事工业互联网相关工作的工程技术人员参考。

图书在版编目(CIP)数据

工业数据采集技术与应用/湖南三一工业职业技术学院,树根互联股份有限公司组编;白斌,王理想,葛晓华主编. —北京:机械工业出版社,2023.5(2024.8重印)

职业教育工业互联网人才培养系列教材

ISBN 978-7-111-72806-1

Ⅰ.①工… Ⅱ.①湖… ②树… ③白… ④王… ⑤葛… Ⅲ.①制造工业-数据采集-高等职业教育-教材 Ⅳ.①F407.4

中国国家版本馆 CIP 数据核字(2023)第 047732 号

机械工业出版社(北京市百万庄大街22号 邮政编码100037)
策划编辑:陈　宾　　　　责任编辑:王英杰
责任校对:潘　蕊　陈　越　　封面设计:王　旭
责任印制:邓　博
北京盛通印刷股份有限公司印刷
2024年8月第1版第3次印刷
184mm×260mm·12.5印张·315千字
标准书号:ISBN 978-7-111-72806-1
定价:55.00元

电话服务　　　　　　　　网络服务
客服电话:010-88361066　　机　工　官　网:www.cmpbook.com
　　　　　010-88379833　　机　工　官　博:weibo.com/cmp1952
　　　　　010-68326294　　金　书　网:www.golden-book.com
封底无防伪标均为盗版　　　机工教育服务网:www.cmpedu.com

工业互联网人才培养系列教材
编审委员会

顾问	
三一集团有限公司	胡江学
金川集团股份有限公司	吕苏环
浙江大学	贺诗波
天津职业技术师范大学	李士心
委员	
树根互联股份有限公司	贺东东　叶　菲　梁敬锋　陈立峰　韩玉春
湖南三一工业职业技术学院	贺　良　徐作栋
广东轻工职业技术学院	桂元龙　廖永红　伏　波
广州番禺职业技术学院	卢飞跃　甘庆军
深圳信息职业技术学院	高　波
湖南工业职业技术学院	李德尧　段义隆
湖南信息职业技术学院	李　斌　左光群
长沙职业技术学院	傅子霞　沈　建
长沙民政职业技术学院	雷翔霄　陈　英
河南机电职业学院	张　艳　耿美娟　赵冬玲
惠州城市职业学院	张方阳
广州城市职业学院	温炜坚　唐万鹏
广东科学职业技术学院	吴积军　余正泓
广州科技贸易职业学院	田　钧
东莞职业技术学院	郭　轩
塔城职业技术学院	何清飞
长春职业技术学院	宋　楠
沈阳职业技术学院	赵新亚
山东劳动职业技术学院	张雅美
济南职业学院	罗小妮
烟台汽车工程职业技术学院	张　萍
烟台工程职业技术学院	苏慧伟
山东信息职业技术学院	韩敬东
济宁职业技术学院	孟凡文
山东理工职业技术学院	杨明印
平凉职业技术学院	靳江伟　惠小军
新疆能源职业技术学院	殷　杰
伊犁职业技术学院	陈辉江

序

工业互联网是新一代网络信息技术与制造业深度融合的产物，是赋能企业进行数字化转型的重要抓手之一，是实现产业数字化、网络化、智能化发展的重要基础设施。我国将工业互联网纳入新型基础设施建设范畴，希望把握住新一轮的科技革命和产业革命，推进工业领域实体经济数字化、网络化、智能化转型，赋能中国工业经济实现高质量发展。

工业企业通过工业互联网技术迈向数字化、智能化已经成为其转型升级的必经之路。而企业数字化转型中的任何业务环节都需要依赖技术能力的支撑，因此需要大量的技术人员基于各类业务场景将工业互联网技术与业务融合，如研发创新、生产制造管理、数字化供应链管理、售后服务运维等。工业互联网人才需要在各种工业应用场景中做到既理解业务又具备专业技术，才能成为企业数字化转型急需的复合型人才。而随着工业互联网的快速发展和产业应用的深入，这类复合型人才匮乏的问题逐渐凸显。目前，我国工业互联网行业人才培养缺乏体系化的教材和课程等资源，且人才分类培养体系尚未形成，如何让人才不再成为发展工业互联网的瓶颈是当下急需解决的问题。

在此背景下，以三一集团有限公司、金川集团有限公司、树根互联股份有限公司、湖南三一工业职业技术学院、浙江大学、天津职业技术师范大学等企业和高校组成的编审委员会，深入学习理解党的二十大精神，针对工业互联网人才培养和发展现状进行梳理和研究，围绕工业互联网技术技能人才的培养目标编写了"职业教育工业互联网人才培养系列教材"。本套教材包含《工业互联网技术基础》《工业数字孪生建模与应用》《工业数据采集技术与应用》《工业互联网平台综合应用》《工业边缘计算应用》《工业互联网安全项目实践》《工业数据处理与分析》《工业可视化应用》《工业APP开发与应用》《工业管理软件应用》《工业标识解析应用》等。希望本套教材可以为职业院校工业互联网新赛道的人才培养提供有价值的教材和资源，充分贯彻党的二十大报告中关于"实施科教兴国战略""推进新型工业化"的要求。

编审委员会

前　言

为贯彻《关于推动现代职业教育高质量发展的意见》提出的按照生产实际和岗位需求设计开发课程的指导思想，适应工业互联网产业的发展趋势以及人才培养模式的创新，本书以工业互联网产业真实生产项目、典型工作任务、案例等为载体组织教学内容，聚焦于工业数据采集技术，对工业数据采集相关岗位的人才所需要理解的业务场景、岗位素质、知识和技能分别进行阐述，并设置相应的学习任务，出版有价值的技术参考资料，为工业互联网人才的培养发展提供有价值的学习资源。

本书包括工业数据采集概述和工业设备数据采集、生产能源数据采集和生产管理数据采集3个项目。各项目所采用的案例均由树根互联股份有限公司的真实企业案例提炼、转化而来，融合了企业多年的工业现场技术经验、工程实践经验和工作规范，涉及工业数据采集项目端到端的全流程实施环节，包含了设备层、边缘层、网络层、平台层的每个工作环节、工作内容所涉及的知识和技能。

本书在任务实施的过程中强调安全操作的规范性，并潜移默化地融入了人才素质培养的内容，使学生具备溯本求源的全局思维和精益求精的工匠精神。特别在生产能源数据采集的项目中，融入了双碳战略和节能减排的相关内容，响应国家号召，提倡绿色生产。

本书由湖南三一工业职业技术学院徐作栋主审，湖南三一工业职业技术学院白斌、广东轻工职业技术学院王理想和树根互联股份有限公司葛晓华任主编，湖南三一工业职业技术学院聂健、广州番禺职业技术学院华俊芳和河南机电职业学院秦磊任副主编，河南机电职业学院田月霞、湖南信息职业技术学院刘照、湖南三一工业职业技术学院张武金、王正、张兴龙、张炎参加了编写。

在本书的编写过程中，树根互联股份有限公司资深工程师李琦、陈康飞、余明、董国铖等提出了许多宝贵的建议，在此深表谢意。

由于编者水平有限，书中难免存在疏漏或不足之处，敬请广大读者批评指正。

编　者

二维码索引

名称	二维码	页码	名称	二维码	页码
绪论 工业数据采集概述		1	1.4-1 新建项目及工程		38
项目1 工业设备数据采集		8	1.4-2 新建通道及设备		42
1.3-1 任务准备与测量供电电压		25	1.4-3 新建数据采集点		47
1.3-2 制作电源线端子		26	1.4-4 下载工程		51
1.3-3 安装工业网关		28	1.5-1 登录根云平台		62
1.3-4 修改工业网关地址		30	1.5-2 创建网关物模型		66

二维码索引

（续）

名称	二维码	页码	名称	二维码	页码
1.5-3 创建设备物模型		69	2.4-2 新建 IO 采集点		130
1.5-4 注册网关物实例		71	2.4-3 更新转发平台		132
1.5-5 注册设备物实例		74	项目 3 生产管理数据采集		145
1.6-1 配置网关数据转发到平台		79	3.2-1 创建物模型和物实例		156
项目 2 生产能源数据采集		90	3.2-2 配置软件参数		163
2.3-1 配置前的准备工作		114	3.2-3 配置 IO 应用		166
2.4-1 更新物模型属性与新建采集通道、设备		124			

VII

目　录

序

前言

二维码索引

绪论　工业数据采集概述 ………………………………………………………… 1

    0.1　工业数据采集的定义 …………………………………………………… 1

    0.2　工业数据采集的意义 …………………………………………………… 2

    0.3　工业数据采集的范围 …………………………………………………… 2

    0.4　工业数据采集的实现 …………………………………………………… 4

项目1　工业设备数据采集 ………………………………………………………… 8

    任务1.1　规划工业设备数据采集方案 …………………………………… 10

    任务1.2　工业网关的选型 ………………………………………………… 15

    任务1.3　安装调试工业网关 ……………………………………………… 21

    任务1.4　配置工业网关的南向参数 ……………………………………… 36

    任务1.5　工业设备数字建模 ……………………………………………… 56

    任务1.6　配置工业网关的北向参数及校验数据 ………………………… 77

项目2　生产能源数据采集 ………………………………………………………… 90

    任务2.1　规划能源数据采集方案 ………………………………………… 93

    任务2.2　安装调试能源采集仪表 ………………………………………… 98

    任务2.3　配置能源采集仪表参数 ………………………………………… 111

    任务2.4　采集能源数据接入平台 ………………………………………… 121

    任务2.5　校验与分析能源数据 …………………………………………… 135

项目3　生产管理数据采集 ………………………………………………………… 145

    任务3.1　规划生产数据采集方案 ………………………………………… 147

任务 3.2	设备建模及配置采集器	153
任务 3.3	安装 IO 采集器及配件	172

附录 181

附录 A	GBox 网关技术参数	181
附录 B	根云小匠技术参数	182
附录 C	根云小智技术参数	185
附录 D	根云小匠显示屏说明	185
附录 E	根云小匠的数据说明	188
附录 F	英文缩略词	189

参考文献 190

绪 论
工业数据采集概述

绪论 工业数据采集概述

0.1 工业数据采集的定义

工业互联网产业联盟发布的《工业数据采集产业研究报告（2018）》，对工业数据采集的定义为：利用泛在感知技术对多源设备、异构系统、运营环境、人等要素信息进行实时高效采集和云端汇聚。

工业数据采集对应工业互联网平台体系架构中的边缘层，如图 0-1-1 所示。它通过各类通信手段接入不同设备、系统和产品，采集大范围、深层次的工业数据，并进行异构数据的协议转换与边缘处理，构建工业互联网平台的数据基础。

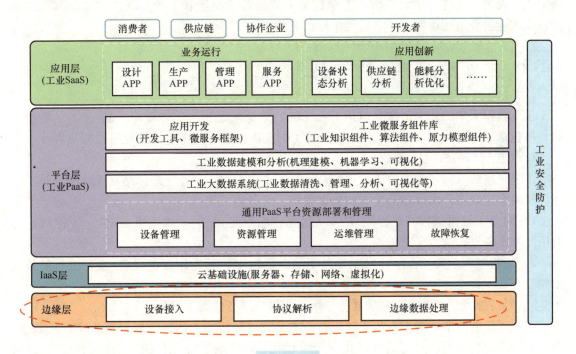

图 0-1-1

0.2 工业数据采集的意义

工业数据可以加速业务场景交互，推进传统产业的改造升级。工业数据在生产过程中的应用，类似于给生产制造配上了"大脑"，使之灵活应对各种业务场景。通过分析整合产品数据、制造设备数据、订单数据以及生产过程中的其他数据，显著提升生产控制的准确性，大幅增强生产制造的柔性化水平和协调度。通过智能数控设备、传感识别技术、制造执行系统等先进的数字装备与管控技术，实时采集生产制造过程中的工业数据，实现生产装备和生产过程的"透明化"运行，结合人工智能、大数据等技术，实现生产装备和生产过程的智能化。

工业数据融入设备，将设备运行状态透明化，有助于设备故障诊断和运行优化。在设备状态监测方面，实时采集温度、电压、电流等工业数据，可直观展示设备实时的运行状态，实现设备全面、实时、精确的状态感知。在设备故障诊断方面，利用大数据分析技术，对设备工作日志、历史故障、运行轨迹、实时位置等海量工业数据进行挖掘分析，并基于知识库和自学习机制建立故障智能诊断模型，可实现设备故障的精准定位。在预测性维护方面，基于设备全生命周期的运行数据，可提前预判设备关键部件的变化趋势、产品寿命和潜在风险，预测设备零部件的损坏时间，从而主动提前进行维护服务。

而如何从大量设备和系统中获取数据，是数字化转型面临的第一个需要解决的难题。只有采集足够的工业数据，才能基于工业大数据做分析、处理、监控、智能决策等，才能实现数字化的价值。从这个层面来讲，工业数据采集是智能制造和工业互联网的基础和先决条件，是工业企业实现透明工厂、智能工厂的基础。

0.3 工业数据采集的范围

工业数据采集的广义范围既包括工业现场的数据采集和工厂外智能产品/装备的数据采集，也包括对 ERP（企业资源计划）、MES（制造执行系统）等应用系统的数据采集。

1. 工业现场的数据采集

工业现场的数据采集主要通过现场总线、工业以太网、工业光纤网络和无线网络等工业通信网络实现对工厂内设备的接入和数据采集，可分为三类。

1）对 PLC（可编程控制器）、RTU（远程终端单元）、嵌入式系统、IPC（工控机）等通用控制设备进行的数据采集。

2）对机器人、数控机床、AGV（自动导引运输车）等专用智能设备/装备进行的数据采集。

3）对传感器、变送器、采集器等专用采集设备进行的数据采集。

工业现场的数据采集主要基于智能装备本身或加装传感器两种方式采集生产现场数据，主要用于工业现场生产过程的可视化和持续优化，以实现智能化的决策与控制，包括设备（如机床、机器人）数据、产品（如原材料、在制品、成品）数据、过程（如工艺、质量等）数据、环境（如温度、湿度等）数据、作业数据（现场人员操作数据，如单次操作时间）等，如图 0-3-1 所示。

绪论　工业数据采集概述

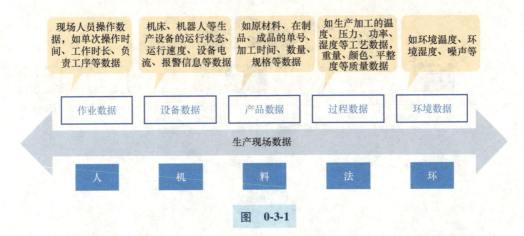

图 0-3-1

2. 工厂外智能产品/装备的数据采集

工厂外智能产品/装备的数据采集通过工业互联网实现对工厂外智能产品/装备的远程接入和数据采集。主要采集智能产品/装备运行时的关键指标数据,包括但不限于如工作电流、电压、功耗、电池电量、内部资源消耗、通信状态、通信流量等数据,主要用于实现智能产品/装备的远程监控、健康状态监测和远程维护等应用。图 0-3-2 所示为工厂外工程机械的数据采集过程。

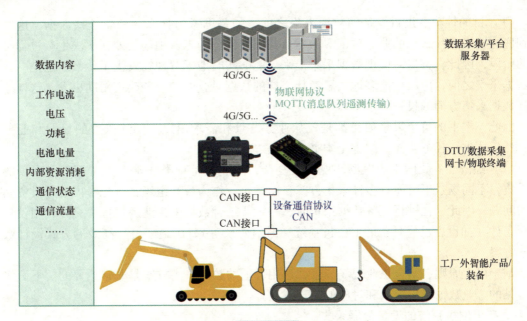

图 0-3-2

3. 对 ERP、MES 等应用系统的数据采集

此种数据采集方式主要由工业互联网平台通过接口和系统集成方式实现对 SCADA（数据采集与监视控制系统）、DCS（分散控制系统）、MES、ERP 等应用系统的数据采集,如图 0-3-3 所示。系统集成技术与应用已经有很多成熟的分析和研究,故不在本书中展开。

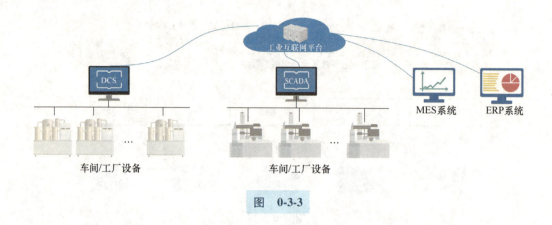

图 0-3-3

0.4 工业数据采集的实现

本书的任务设置主要是生产企业工业现场的数据采集，包含设备数据、产品数据、过程数据、环境数据和作业数据。由于工业现场设备的自动化程度、工业通信协议、设备接口等不统一，对设备数据的采集可能采用不同的方式，但在制定数据采集方案时，需要遵循两大原则。

（1）目的性 在进行设备的数据采集之前，需要思考为什么要采集这些数据，这些数据到底能够带来什么样的业务价值。诚然，我国大部分的工业现场还处在解决生产过程可见性的阶段，因此，首先需要把数据采集上来，能够实时地了解现场发生了什么。但是，在进行数据采集之前，应尽可能多地去思考什么样的数据对企业的业务改进帮助更大，这样才能提高数据采集方面的投资回报率。

因此，本书的每个采集项目都是先从业务背景和需求出发，阐述采集的目的和业务价值，然后才进行任务实操，这也是本书的特点之一。

（2）经济性 我国工业现场环境非常复杂，工业设备种类非常多，对于工业现场的数据采集，不同场景下可能有多种采集方案，但是企业作为盈利组织，首先考虑的是投资回报率的问题，因此，在进行设备数据采集时，一定要结合数据采集业务目标，充分利用设备的现有条件（如设备已经具备的上位机系统和通信协议等），用最经济、高效的方式设计数据采集方案。

基于以上原则，结合工业现场场景，选用合适的数据采集方案是非常重要的。下面将介绍常见的工业数据采集场景和对应的采集方案。

1. 有上位机系统的设备数据采集

这里的上位机系统一般是指设备自带的监控系统，这样的设备往往自动化程度和信息化程度都比较高，其上位机系统已经对设备数据进行了采集、存储。因此，对于这种有上位机系统的设备，首选的数据采集方案就是直接从上位机系统中获取设备的数据，而不是去和设备"打交道"。这样就能够把一个 OT（操作技术）问题（设备层的数据采集）转化为 IT（信息技术）问题（两个信息系统的信息集成）。

2. 基于 TCP/IP（传输控制协议/互联协议）**通信协议的设备数据采集**

对于生产现场中没有上位机系统的众多设备，就需要从设备所支持的通信协议和支持的接口角度入手，制定数据采集方案。

常用的基于 TCP/IP 通信协议有 OPC、Profinet、Modbus-TCP 等通信协议，也有设备厂商自行定义的通信协议。这些协议的特点是基于 TCP/IP 协议簇，只是应用层协议不同。采用这些协议的设备一般都会有 RJ45 接口，也就是以太网口。

在这种场景下，采用的数据采集方案一般是通过工业网关（也称"物联网关"或简称"网关"）采集，工业网关解析上述工业通信协议，实现对设备数据的采集。工业网关在本书"任务 1.2"中会有详细介绍。

整个采集流程从工业现场的设备端开始，通过控制系统的数据接口，结合其工业通信协议，把数据采集到工业网关，对工业通信协议进行解析，把设备数据转换为网络数据，然后通过联网方式，结合物联网协议，将采集的数据上传至工业互联网平台服务器或数据采集服务器，如图 0-4-1 所示。

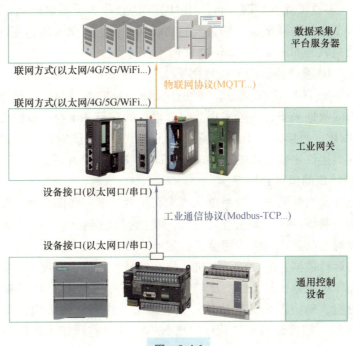

图 0-4-1

目前通过工业网关进行数据采集是比较主流的工业设备数据采集方式。此外，这种设备场景下，也可以使用软网关采集。软网关采集是指脱离了硬件，直接把工业网关中的嵌入式软件作为一个边缘采集软件安装在上位机系统中运行，也是通过对工业通信协议解析后，把设备数据转换为网络数据，上传至工业互联网平台服务器或数据采集服务器。

下面对进行设备数据采集过程中涉及的专业名词如设备接口、工业通信协议、联网方式和物联网协议进行介绍。

（1）设备接口　设备接口是指硬件构成或者是允许人和计算机、通信系统或者其他电子信息系统互动的元件系统。本书只介绍工业现场常用的串行接口和以太网口。串行接口也称串口（通常指 COM 接口），是采用串行通信方式的扩展接口，数据一位一位地顺序传送。常用的串行接口按电气标准及协议分为 RS232、RS485、RS422。以太网口可分为电口和光口，电口就是常用的 RJ45 接口（一般的网线），光口就是光纤接口。工业设备之间通信一般使用的是 RJ45 以太网口。

（2）工业通信协议　工业通信协议主要是负责子网内设备间的通信，从开放性划分，可分为私有协议和公有协议。私有协议就是企业内部自定的协议标准，只适用于本企业生产的设备产品，如西门子的 S7 通信协议就是西门子公司的私有协议；与之对应的就是公有协议，目前主要的公有协议有 Profinet、Modbus 等。

（3）联网方式　当前工业网关与工业互联网平台常见的联网方式有以太网、4G 和 WiFi 等，可根据采集传输的数据量大小、传输速度、传输的距离和工业现场环境综合考虑选择。对于速度要求高、传输数据大的需求，在工业现场能实现的情况下，可选择以太网方式；不方便布线且传输数据小的场景，则可选用无线网络（如 4G 和 WiFi 等）的方式。

（4）物联网协议　此处的物联网协议主要是运行在传统 TCP/IP 等协议之上的通信协议，负责设备与工业互联网平台间的数据交换及通信，常见的物联网协议有 MQTT、HTTP、CoAP 等。目前，大多数工业互联网平台使用 MQTT 协议作为设备联网通信的"第一语言"，如树根互联的根云工业互联网平台、华为云的物联网平台、腾讯云的物联网平台、阿里云的物联网平台，以及微软的 Microsoft Azure 物联网平台等。

3. 基于非 TCP/IP 通信协议的设备数据采集

这一类协议不属于 TCP/IP 协议簇，往往在硬件接口方面就与以太网不兼容，如 RS485 等。对于这类设备的数据采集，一般采用兼容该设备的接口和工业协议的专用网关，网关将其协议转换为 TCP/IP，再接入到工业现场的网络中并进行协议解析；否则，在物理层面就无法实现互通。这类协议比较常用的有 Modbus-RTU、Device Net 等。

4. 不具备通信接口的设备数据采集

有些工业企业存在大量的没有控制单元或没有拓展功能的老旧设备，如不带数控系统的机床。这些设备没有通信接口，无法直接通信采集数据（行业中也有"哑设备"的说法）。这种场景下，可以通过改造、安装传感器、变送器、数据采集板卡、采集器等传感器或采集硬件，采集设备的运行数据，如设备开关机、作业信号、电流、温度等参数。这就涉及对设备的一些改造，操作难度是比较大的。比较常见的操作方法是采集 IO（输入/输出）信号，通过对设备进行分析，确定需要的采集信号，连接采集设备，由采集设备将设备的开关量（数字信号）、模拟量（模拟信号）转化成网络数据，通过有线或无线网络传送给平台数据服务器。这种改造设备的方式成本较低，但能采集的数据有限、质量不高，主要针对的是没有控制单元的设备、控制器协议不开放的设备、不具备拓展功能的老旧设备、无法评估风险的关键工艺设备或产线关键设备。

某些情况下，在直接采集某目标量 Y1 比较困难时，可以考虑采集其他比较容易采集、采集成本较低的目标量 Y2，用 Y2 来近似计算 Y1 的值。例如，采集某些老旧设备的运行时间数据，这些设备往往没有对外通信的接口，没有办法直接获得其运行和停止的开关信号。此时，可以安装互感器监测设备电动机的电流，以电流的大小来判断设备的启停，从而获得设备的实时运行状态，再加以计算，以获得设备的运行时间。

注意：本书的 IO（Input/Output）指输入/输出信号，这里的输入输出是针对控制系统而言的，输入指从仪表/传感器进入控制系统的测量参数，输出指从控制系统输出到执行机构的参量，一个参量称为一个点。

5. 基于人工采集终端场景的数据采集

对于信息化水平偏低的工业企业，在某些生产环节无法实现自动采集，则通过现场工位机、移动终端、条码扫描枪等人工采集方式进行数据采集，数据采集内容包括生产开工与完工时间、生产数量、检验项目、检验结果、产品缺陷、设备故障等。基于人工采集终端的数据采集受制于人的主动性，在数据的实时性、准确性、客观性等方面有所欠缺。

项目 1
工业设备数据采集

项目1 工业设备数据采集

【项目背景】

在某生产制造企业 G 公司的周会上,销售经理正在汇报刚刚洽谈的一个紧急订单:总金额 500 万元,要求 10 日内交货。总经理询问生产经理,是否可以安排加班满足该订单的交货。

生产经理:"总经理您也看到了,机器每天全开,人员也 24h 3 班倒,真的没能力接这个紧急订单了。如果要接这个订单的话,请销售经理和客户洽谈,申请交货期延期几天。不然的话,我需要紧急申请再采购两台机器,招两个人过来"。

销售经理:"你们生产部总是说很忙,但是,3 月份才安排了 2200 万元的生产任务,我记得去年 3 月份最大的生产任务是完成了 2500 万元,按照这个产能的话,加班应该可以满足这次的要求。"

生产经理:"这个 500 万元的订单我也想接,订单有 100 多万元的毛利,完成任务的话我们生产部也能分到奖金,但现实情况是机器和人员都满负荷运转了。从 1 月份开始,设备总是出现问题,需要停机调试,没办法按照去年 3 月份的理想情况来安排。"

销售经理:"那工程部不能加班加点对设备进行监控运维,做预测性维护,让设备保持良好的运行状态来支持生产吗?"

工程经理:"设备以前没有问题,近期总是出现问题的原因有些是新来的技术人员操作不当引起的,有些是设备运行出现异常没及时排查处理导致的。我们也马上处理了,但是设备都已经满负荷运转,工程部人手也有限。"

……

项目1　工业设备数据采集

经理们争论不休。在这种情况下,总经理心中思考的是:

1)公司的产能到底是多少,生产经理的汇报是基于设备真实能力还是个人安排生产能力的问题?有没有更客观的生产设备数据来作为是否接单或采购新设备、扩大产能的决策依据?

2)能否实时监控设备的运行状态,让生产经理了解每台机器是以什么样的状态运行?有没有工人消极怠工、设备开机但不作业的情况发生?

3)有没有一种办法,可以让工程部及时了解设备运行过程中的异常情况,确保及时排除异常,避免经常停机?

会后,总经理安排总经办团队寻找从长远考虑解决上述问题的解决方案。

总经办团队经过研究发现,从长远考虑,企业进行数字化转型是最优的解决方案,前期可能需要一定的投入,但是生产要素数字化、透明化、智能化之后,对于后期的生产、经营、工艺优化、质量管理都有非常大的好处。

经过一轮市场调研,公司找到了工业互联网解决方案公司R公司,最终达成了第一期的合作,先从设备数字化开始实现对工业生产设备的数字化资产管理。R公司的整个项目实施团队主要包括:物联采集实施团队、数据分析及开发团队、应用开发团队等。

其中物联采集实施是保障数据来源的重要环节,有了采集上来的数据才能进一步做数据处理、分析,应用软件也才有数据支撑。物联采集实施团队由具有多年物联采集经验的项目经理唐工负责,他带领现场实施工程师负责对工业设备数据进行采集并接入工业互联网平台的工作任务。

【学习规划】

基于G公司工业设备资产数字化管理的需求,本项目围绕采集工业设备的运行数据展开。在整个项目中,将介绍工业网关的选型及安装调试、工业网关的南北向配置、工业互联网平台的建模及对采集数据进行校验的知识和技能等。本项目的任务规划如图1-0-1所示。

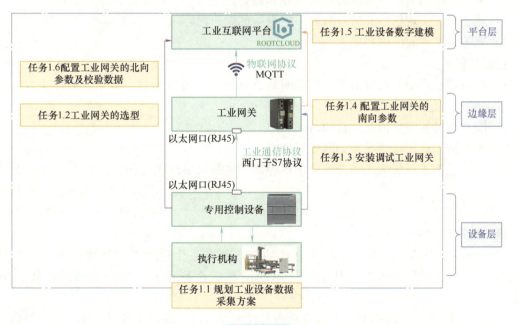

图　1-0-1

任务 1.1 规划工业设备数据采集方案

1.1.1 任务说明

【任务描述】

项目启动会结束后，R 公司开始展开实施工作。实施项目经理唐工和资深项目实施工程师罗工到现场进一步了解情况，收集现场设备的基本信息，包括设备接口、通信协议、布局等，从而梳理采集方案，规划网络布局。

【学习导图】

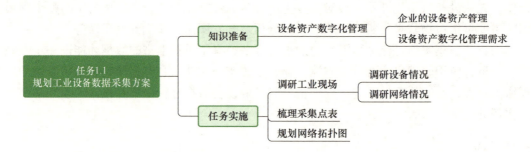

【任务目标】

知识目标

1) 了解生产制造设备资产管理的特点和内容。
2) 熟悉对工业现场需要进行数据采集设备的调研内容。
3) 熟悉采集点表的内容。

技能目标

1) 能对项目现场的设备情况进行调研，获取现场设备的型号、数量、通信协议、硬件是否可拓展等信息。
2) 能对现场的网络情况进行调研。
3) 能根据工业现场情况规划网络拓扑图。
4) 能根据工业现场情况和业务需求梳理出完整的采集点表信息。

1.1.2 知识准备

设备资产数字化管理

（1）企业的设备资产管理　生产企业的核心业务是生产，生产管理的重点之一是设备管理。设备是工艺的体现，是生产订单的最基础执行单元，是产品质量的关键影响因素。

在企业的生产经营活动中，设备管理的主要内容是设备资产及技术管理、设备缺陷及事故管理等，其核心是整合设备的各项信息数据，为企业提供优良的设备和更低的生产成本，使企业的生产经营活动建立在极佳的物质技术基础之上;提升设备管理水平和运行效率,可确保企业在安全生产的前提下,提高生产效率。

生产制造企业作为"资产密集型"企业,尤其重视生产设备及其他制造资源的管理工作,通常把设备管理工作作为工作重点。设备运行状态良好,是产量和生产质量的重要基础保障,能极大地帮助企业提高生产效率,保障订单按时交付。

(2)设备资产数字化管理需求 传统的生产制造企业面对大量的高价值、高折旧、维护难度大且分布于较大区域内的战略资产,管理项目多且复杂。从资产管理的角度,对于如此庞大的实体资产,需要系统化、全生命周期的过程管理,从资产投资到资产报废清理,管好固定资产,就管好了企业的生产资料。

传统管理模式下,企业生产保障部门有大量人员从事资产的日常纸质记录和全域设备巡检,为了应对突发停机事件,还要根据经验采购冗余的备品备件,制定大修计划。随着我国工业与互联网的发展,传统的手工作业方式已经明显不适合当今大数据量、快节奏的实用需求。图 1-1-1 所示是 GB/T 39116—2020《智能制造能力成熟度模型》标准中,设备管理在不同阶段应达到的水平。

能力子域	一级	二级	三级	四级	五级
设备管理	应通过人工或手持仪器开展设备点巡检,并依据人工经验实现检修维护过程管理和故障处理	a)应通过信息技术手段制定设备维护计划,实现对设备、设施维护保养的预警; b)应通过设备状态检测结果,合理调整设备维护计划; c)应采用设备管理系统实现设备点巡检、维护保养等状态和过程管理	a)应实现设备关键运行参数数据的实时采集、故障分析和远程诊断;示例:如温度、电压、电流等 b)应依据设备关键运行参数等,实现设备综合效率(OEE)统计; c)应建立设备故障知识库,并与设备管理系统集成; d)应依据设备运行状态,自动生成检修工单,实现基于设备运行状态的检修维护闭环管理	a)应基于设备运行模型和设备故障知识库,自动给出预测性维护解决方案; b)应基于设备综合效率的分析,自动驱动工艺优化和生产作业计划优化	应采用机器学习、神经网络等,实现设备运行模型的自学习、自优化

图 1-1-1

因此,企业需要通过打造一个灵活高效、安全可靠的设备资产数字化管理系统,并连接企业内部各生产部门和运营部门,便于企业整体计划并合理分配资源,辅助企业提高故障预测、监控和处理能力,减少故障率,为设备管理人员和企业管理者提供决策依据,有效提升企业设备资产管理的水平和质量,延长设备使用寿命,降低设备管理成本,提升设备运行效率,从而使企业获得更高的经济效益,满足企业发展的需求。图 1-1-2 和图 1-1-3 所示分别为设备资产管理中的设备运营和设备报警数据分析。

1.1.3 任务实施

1. 调研工业现场

(1)调研设备情况 在进行数据采集前,需要对工业现场的设备进行调研,调研内容包括工业设备的类型、型号、工业通信协议、协议授权情况、硬件拓展情况、现有组网方式、现有网络情况等信息,以便后续进行网络规划和物料准备。具体调研记录的信息条目如下。

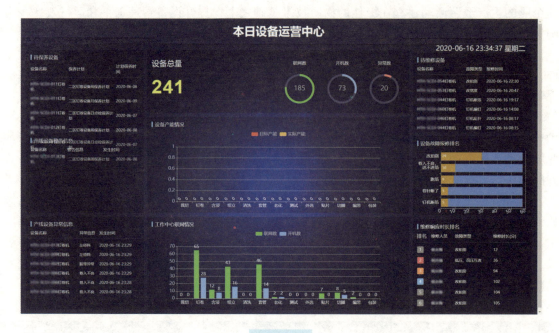

图 1-1-2

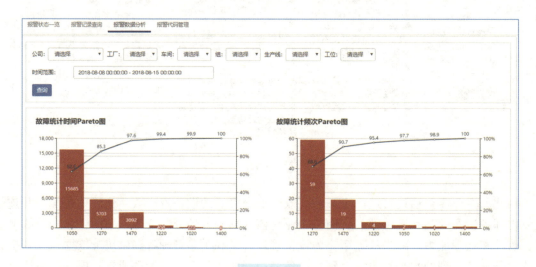

图 1-1-3

1) 设备名称：工业现场的设备名称，命名须按一定的规则，方便理解和记忆，例如，几个车间都有同一类设备，命名则须进行区分，如加车间名作为前缀等。

2) 设备品牌、型号和数量：这些信息按实际情况填写，设备数量主要用于计算实施工作量或采购所需准备的网关数量及耗材等。

3) 工作站控制器型号：按实际情况填写，便于采购匹配的工业网关。

4) 工业通信协议：便于后续选择可匹配支持该通信协议的工业网关。

5) 通信协议是否授权：设备通信协议授权信息需要与甲方确认，查看是否有相关的授权。有些设备是专用控制器且不开放通信协议，通信协议没有得到授权则无法通过协议采集的方式进行数据采集，会增加数据采集难度和费用，它是评估采集方式和成本的内容之一。

6）是否组网（组网方式）：查看该设备是否与其他设备组网，并记录其组网方式及设备地址，便于后续工业网关的联网及地址配置。

7）接口是否有空余：查看工业现场的网关口、串口是否有空余，如果没有则需要采购对应的拓展接口的配件，如交换机。

8）硬件是否可拓展：例如，"哑设备"是否可添加 IO 端口，PLC 的 IO 端口是否可拓展等。

9）有无源程序或点表：查看运行设备是否保留有源程序和数据点表，便于后续梳理采集点表。

10）已有传感器类型及型号：按实际情况记录，主要是便于对采集的数据做业务分析。

11）传感器作用：记录每个传感器的作用，如不同位置安装的光电传感器，作用不同，需要分别记录，以便理解采集的数据对应的业务信息。

本任务中，唐工和罗工经过调研得知，G 公司有 12 个集成的生产工作站，每个生产工作站互相独立，没有组成车间局域网，每个工作站的生产执行设备、周边辅助设备和 PLC 通过一个小型交换机组网。他们根据现场情况，把设备调研信息填写到表格中。其中一种设备信息的填写方法，见表 1-1-1。

表 1-1-1

设备名称	设备品牌、型号	设备数量	工作站控制器型号	工业通信协议	通信协议是否授权	是否组网（组网方式）	接口是否有空余（网口、串口）	硬件是否可拓展	有无源程序或点表（包括控制器及上位机）	已有传感器类型及型号	传感器作用
PLC	西门子S7-1200系列	12	1212C	S7	是	否	是	是	是	无	无

（2）调研网络情况　除了对设备情况进行调研外，还需要调研现场的设备网络情况，并把结果填写到表 1-1-2 中，以便根据实际网络情况进行必要的准备工作，如提前敷设网线，采购必要的敷设耗材等。本任务的工作场景是网线已敷设到设备工位且网络通畅。

表 1-1-2

设备网络情况调研表					
企业名称		地区/城市		行业/领域	
项目负责人		联系电话		主要产品	
车间位置		示例：一分厂，二车间			
以下请根据现场设备网络情况，在对应的行中打√					
√	网线已敷设到设备工位，并且网络通畅				

(续)

☐	网线已敷设到部分设备工位，并且网络通畅	
☐	没有敷设网线，但是预留有网线布线槽	
☐	网线需要重新敷设	
☐	客户自己负责网络工程的费用和实施	
☐	客户要求我方提供网络工程的实施和报价	
☐	客户已提供车间设备位置图	
☐	客户无法提供车间设备位置图，需现场调研	
其他说明		

2. 梳理采集点表

明确工业现场的设备情况和网络情况后，针对采集方案，接下来需要对具体设备采集数据和PLC的数据地址进行整理，梳理出完整的采集点表，填入到表1-1-3中，表中已经列举了6个采集点。

表 1-1-3

采集点名称	描述	数据类型	信号地址	读写要求	采集频率
StartSignal	启动信号	Bool	%I0.0	只读	1000ms
StopSignal	停止信号	Bool	%I0.1	只读	1000ms
UrgencyStop	急停信号	Bool	%I0.2	只读	1000ms
Alarm	报警信号	Bool	%Q0.0	只读	1000ms
Waiting	待机信号	Bool	%Q0.1	只读	1000ms
Working	作业信号	Bool	%Q0.2	只读	1000ms
……					

说明：

1) 采集点名称：可自定义，需要使用字符类型，建议按照一定的命名规则进行填写，如使用英文名、英文缩写等，以便于识别。

2) 描述：可自定义，进一步说明需要采集的点的作用或具体功能，对应设备的信号等。

3) 数据类型：需要根据采集的数据内容来定，如位置信息是带有小数点的数值，使用浮点型数值更符合实际情况。

表1-1-3中的采集点仅做示例，需要根据现场实际情况做删减或补充。

3. 规划网络拓扑图

完成工业现场调研后，需要根据实际情况规划网络拓扑图。图1-1-4所示为12个生产工作站的组网示意图。

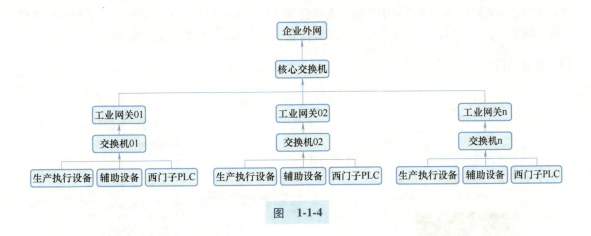

图 1-1-4

1.1.4 思考与练习

1. 选择题

（1）"基于设备运行模型和设备故障知识库，自动给出预测性维护解决方案"是 GB/T 39116—2020《智能制造能力成熟度模型》标准中设备管理的第几级？（　　）

A. 一级　　　　B. 二级　　　　C. 三级　　　　D. 四级

（2）在企业的生产经营活动中，设备管理的主要内容不包含以下哪一项？（　　）

A. 设备资产及技术管理　　　　B. 设备缺陷管理

C. 人员信息管理　　　　　　　D. 设备事故管理

（3）以下哪项不是进行数据采集的设备调研需要了解的主要内容？（　　）

A. 需要进行数据采集的设备数量　　B. 设备的操作人员

C. 控制设备有无源程序或点表　　　D. 设备的工业通信协议

2. 判断题

（1）生产企业的核心业务是管理人员，这也是生产管理的重点之一。（　　）

（2）调研设备数量主要用于计算实施工作量或采购所需网关的数量及耗材等。（　　）

（3）"应采用机器学习、神经网络等，实现设备运行模型的自学习、自优化"是 GB/T 39116—2020《智能制造能力成熟度模型》标准中设备管理的第一级。（　　）

3. 简答题

请思考，以下两种情况中，哪种更节省实施成本，为什么？

A 情况：需要进行设备物联采集的车间，其网线已敷设到设备工位，并且网络通畅。

B 情况：没有敷设网线，但是预留有网线布线槽。

任务 1.2　工业网关的选型

1.2.1　任务说明

【任务描述】

上一个任务中，唐工和罗工已经对企业的业务需求和现场设备进行了详细调研，并根据调研结果梳理了采集点表。在本任务中，唐工安排资深项目实施工程师罗工根据调研所了解到的现场设备通信接口、通信协议、需要采集的点数等信息，在市场上寻找能满足现场需求的工业网关。

【学习导图】

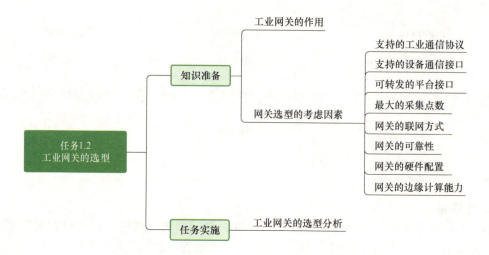

【任务目标】

知识目标

1）熟悉网关的作用。

2）熟悉网关选型的主要考虑因素。

3）熟悉网关选型的对比分析方法。

4）熟悉安装网关的方法和注意事项。

5）熟悉网关选型中对工业通信协议的要求。

6）熟悉网关选型中对接口类型的要求。

7）熟悉网关的联网方式。

8）熟悉网关的可靠性包含的内容。

9）熟悉设定网关采集频率的依据。

10）熟悉网关的断点续传能力的重要性。

11）了解网关选型中对边缘计算的考虑依据。

技能目标

1）能根据工业设备情况及网关选型主要考虑因素选择合适的网关。

2）能看懂工业网关的产品资料，并可以根据网关的参数判断其性能优劣。

1.2.2 知识准备

1. 工业网关的作用

工业网关是一款采用嵌入式硬件的计算机设备，具有多个用于连接设备的下行通信接口（南向接口），一个或者多个用于连接工业互联网平台或采集系统的上行网络接口（北向接口），如图1-2-1所示；通过连接两个或多个异构的网络，使之能够互相通信，实现不同协议之间的数据交互。

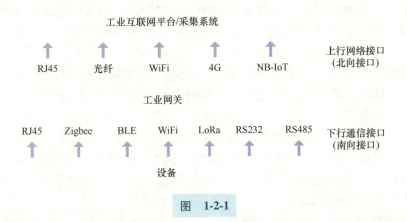

图 1-2-1

工业网关能够实现桥梁作用的关键是其具有协议转换功能,如图 1-2-2 所示,这是它最核心、最重要的功能。工业生产设备使用的控制器(如数控系统、工业机器人、PLC 等)一般都采用私有或专用的工控协议,如常见的标准工控协议 Modbus、PROFIBUS(过程现场总线)、OPC UA(统一架构)和 BACnet 等,工业网关与设备连接时,需要对这些协议进行解析。

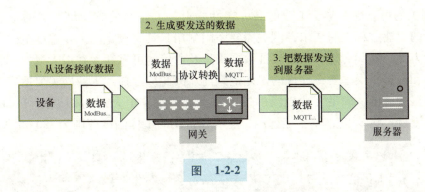

图 1-2-2

而北向连接互联网,使用的一般是物联网协议,如 MQTT、CoAP 等,工业网关需要将从设备获取的数据封装为物联网协议所需的数据包格式,才能发送到工业互联网平台。此外,针对不同的应用场景,工业网关还有存储、安全管理、设备管理、网关配置、空中升级(OTA)等功能。

2. 网关选型的考虑因素

工业网关作为工业互联网平台与设备层连接的窗口,应根据工业现场的实际情况,支持适合的连接格式,并具备对应设备的接口,能直接与工业设备通信。通过有线、无线多种连接方式连接工业以太网或互联网,可实现终端设备有效接入工业互联网平台。因此,对工业网关进行选型时,需要根据不同的现场情况和设备情况考虑以下指标。

(1)支持的工业通信协议 由于企业需要进行互联的工业设备已经部署在工业现场执行生产任务,这些设备存在着系统架构不同、通信协议不同等异构特性,特别是大量设备存在私有协议,给互联互通带来了很多困难。如果将这些工业设备全部更新换代成使用统一标准接口的终端设备,需要耗费大量的资金,这是很难实现的。

既然工业设备的标准化难以实现,那么在为项目选型工业网关时,就需要考虑该工业网关是否支持对应的工业现场设备的通信协议。

(2) 支持的设备通信接口　进行工业网关选型时，需要根据现场工业设备的接口、串口种类和数量需求，选择符合要求的工业网关产品，否则需要增加转接设备，会增加额外成本。

(3) 可转发的平台接口　工业网关采集到工业设备数据之后，需要把数据转发到工业互联网平台，因此需要兼容工业互联网平台的数据接入协议，在选型时要考虑选用的工业网关北向数据转发是否支持要对接的工业互联网平台。

(4) 最大的采集点数　数据采集点数是工业网关的重要影响因素，为项目的工业网关选型时，需要根据业务需求和设备采集点表考虑，网关最大支持的采集点数必须大于业务需求的点数，并留有一定的余量，以保证可扩展性；其次，要保证传输精度和采集速率，从而确保数据的准确性和实时性。

(5) 网关的联网方式　此处的联网方式是指工业网关与工业互联网平台的联网通信方式。工业网关的联网方式与使用环境相关，通常有移动网络（4G、5G 等）、以太网、WiFi 等。需要根据工业现场环境和平台服务器部署要求来确定联网方式。

移动网络更加独立，且不受现有网络布局限制，但有资费支出，且有信号要求；以太网最稳定，但需结合现有网络布局进行布线；WiFi 不受现有网络布局限制，但网络易出现波动。

(6) 网关的可靠性　鉴于工业的高可靠性要求，工业网关应满足恶劣的工业现场环境和日益复杂的工业过程控制要求，网关需要坚固耐用，具有较宽的工作温度范围、较强的抗电磁干扰能力等。除此之外，需要保证数据采集及通信的可靠性，在最大/最小通信速率下，数据丢包率和数据错误率要在允许的误差范围内。因此，选择的工业网关要适应工业现场的环境温度和湿度范围，满足工业现场的抗电磁干扰要求、IP 防护等级要求等。例如，钢铁行业的环境温度可达 85℃，就不能选用工业现场常用的工作温度范围为-20~55℃的网关。

> **说明**：抗电磁干扰能力使用电磁兼容性（EMC）等级进行判断。EMC 标准分为 1~4 级，等级越高抗干扰能力越好。EMC 是指设备或系统在其电磁环境中符合要求运行并不对其环境中的任何设备产生无法承受的电磁干扰的能力。

(7) 网关的硬件配置　网关的硬件配置影响其存储和运算能力，从而影响网关的最大采集点数、采集频率、断点续传能力。因此，对工业网关选型时，需要匹配项目需求进行综合考虑。网关的硬件配置包含如下内容。

1) CPU。CPU 作为系统的运算和控制核心，是信息处理、程序运行的最终执行单元。目前工业网关使用的 CPU 主要有 3 种，一是使用单片机，没有软件操作系统；二是使用 ARM 架构，其软件系统为 Linux 操作系统；三是使用 x86 架构，软件系统为 Windows 操作系统。CPU 主要参数为主频和核心数，反映了 CPU 的重要性能。

2) 内存。内存也称为内存储器或主存储器，是系统的重要部件之一，用于暂时存放 CPU 中的运算数据，以及与硬盘等外部存储器交换的数据。内存的运行速度也决定了计算机整体运行的快慢。

3) 硬盘。硬盘是网关主要的存储设备，除存储程序固件及配置文件外，还缓存一些数据。例如，在网络不通的情况下，工业网关采集的数据无法实时上传至平台，此时这些数据将存储在硬盘内，等网络恢复通信时，工业网关再将这些数据上传至平台。

> 说明：在一些极端的工业场景下，如偏远地区的工厂或是发生自然灾害时，网络的不确定性很大，为适应现场网络的不确定性，提高工业网关的容错机制，在选型时需要考虑断点续传能力，以确保在网络中断时，网关能继续准确采集，并将数据缓存到非易失数据的设备中，并在网络恢复正常时，把缓存数据通过转发通道补传到工业云平台。

（8）网关的边缘计算能力　随着计算能力范围的不断下沉，已涌现出越来越多的边缘计算网关，可使现场采集的实时数据在工业网关内部进行本地处理、优化、存储，甚至在本地完成分析和决策，最后上传到云端。这样可减少单个传感器和云端的计算负担，以及机器与机器之间的沟通流量。

如果工业现场对快速处理并反馈设备的实时数据有明确需求，进行工业网关的选型可以把边缘计算能力考虑进去。一般情况下，工业网关的边缘计算能力不作为进行工业网关选型的主要指标。

1.2.3　任务实施

工业网关的选型分析

根据任务1.1中现场调研的结果，列出了以下需要考虑的选型因素，以GBox网关的参数对比项目要求，见表1-2-1。如果选用其他工业品牌的工业网关，也是按照此步骤在对比分析后进行选型判断。

表 1-2-1　网关选型的对比分析

考虑因素	项目要求	GBox 匹配情况
支持的工业通信协议	本项目要求使用的工业通信协议为西门子S7	支持西门子、三菱、施耐德等多个品牌的500多种协议
设备接口	本项目要求使用以太网口进行连接	具有串行接口、以太网口
转发接口	本项目需要把采集到的数据转发到根云平台	支持包括根云平台在内的30多种转发接口
采集点数	本项目需要的采集点数不多于100个	满足最大1000个采集点
联网方式	本项目要求采用4G上网方式	支持WiFi、WAN（广域网）、4G 3种上网方式
可靠性要求	本项目的使用环境为室内，环境温度为-10~40℃，环境湿度为20%~70% RH，无其他特殊要求	工作温度：-25~55℃ 存储温度：-40~70℃ 环境湿度：10%~90% RH（无冷凝） 电磁兼容：CE、FCC认证，EMC3级 IP防护：40
采集频率	本项目要求最低采集周期为1s	最快采集周期20ms
断点续传存储容量	要求不低于1Gbit	4Gbit断点存储
边缘计算	本项目不需要进行边缘计算	具有边缘计算能力，使用Lua脚本语言编写计算程序

> 说明：在实际的工业项目中，本步骤属于技术选型，是选择供应商的必需条件。在满足了技术选型要求之后，实际采购时选择供应商还需要结合工业网关的售后服务质量、价格、供货周期是否匹配项目周期等因素进行综合考虑。

1.2.4 思考与练习

1. 选择题

（1）以下哪项不是工业网关选型需要考虑的主要因素？（　　）
  A. 可支持的接口类型　　　　　　B. 可支持的工业通信协议
  C. 网关的美观程度　　　　　　　D. 可靠性

（2）工业网关的联网方式也与使用环境相关，以下哪项不是工业网关常用的联网方式？（　　）
  A. 移动网络　　B. 以太网　　C. WiFi　　D. 卫星联网

（3）某工业互联网实施项目，工业现场的无线网络不稳定，如果您是项目实施工程师，建议选择哪种工业网关与工业互联网平台的联网方式？（　　）
  A. 蓝牙　　B. 以太网　　C. WiFi　　D. 移动网络

（4）工业网关的中央处理器、内存、存储容量等硬件配置不会影响以下哪一项能力？（　　）
  A. 采集点数　　B. 采集频率　　C. 断点续传能力　　D. 工业通信协议

2. 判断题

（1）工业网关能满足的采集频率越高越好。（　　）

（2）工业网关要满足现场工业设备的接口、串口种类和数量需求，不满足时则需要增加转接设备，会增加额外成本。（　　）

（3）工业网关最核心的功能是具有边缘计算能力。（　　）

（4）网关最大支持的采集点数必须大于业务需求的点数，并留有一定的余量，以保证可扩展性。（　　）

3. 思考题

在进行某工业互联网项目实施的过程中，需要对一批工业设备进行数据采集，每台设备需要采集的点数为200点。项目经理安排了小李进行工业网关选型，小李从市场上挑选了一款最大采集点数为200点的工业网关让项目经理采购，结果项目经理狠狠批评了小李一顿。项目经理为什么批评小李？请您从技术选型角度考虑，描述其中可能的原因。

4. 实操题

请在市场上选取一个品牌、型号的工业网关，查阅其产品资料（或操作手册、产品规格书、产品说明书等），并跟项目要求进行对比分析，把结果填写到表1-2-2中。

表　1-2-2

工业网关选型对比分析		
工业网关品牌：		
工业网关型号：		
考虑因素	项目要求	所选工业网关的匹配情况
支持的工业通信协议	本项目要求使用的工业通信协议为西门子S7	
接口需求	本项目要求使用以太网口进行连接	
采集点数	本项目要求需要的采集点数不多于100个	

（续）

考虑因素	项目要求	所选工业网关的匹配情况
联网方式	本项目要求采用4G上网方式	
可靠性要求	本项目的使用环境为室内，环境温度为-10~40℃，环境湿度为20%~70%RH，无其他特殊要求	
采集频率	本项目要求最低采集周期为1s	
断点续传存储容量	要求不低于1Gbit	
边缘计算	本项目不需要进行边缘计算	
转发接口	本项目需要把采集到的数据转发到根云平台	

任务1.3 安装调试工业网关

1.3.1 任务说明

【任务描述】

工业网关配置完成之后，本任务需要实施工程师把网关带到现场进行安装；把工业网关安装到工业设备上后，进行测试，确保工业网关可通电、可连接外网。

【学习导图】

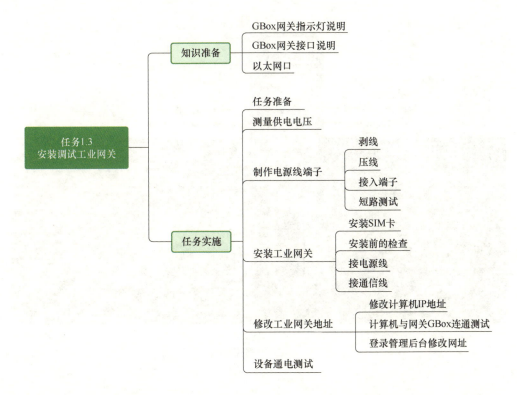

【任务目标】

知识目标

1) 了解工业网关的接口。
2) 了解工业网关指示灯的状态。
3) 了解工业网关的接线安装方法。

技能目标

1) 能完成工业网关安装前的准备工作。
2) 能制作合格的电源线端子。
3) 能正确测量供电电压。
4) 能完成工业网关的安装。
5) 能修改工业网关的网口地址。
6) 能完成工业网关的调试。

1.3.2 知识准备

1. GBox 网关指示灯说明

GBox 网关是树根互联在工业数据采集时使用的一种工业互联网智能传输终端设备,支持宽带、移动网络(2G、3G、4G)、WiFi 等方式上网;可与客户端远程配置;支持采集西门子、三菱、欧姆龙等品牌的 PLC 设备数据;具有边缘计算功能。

GBox 网关的外观如图 1-3-1 所示,正面指示灯说明见表 1-3-1。

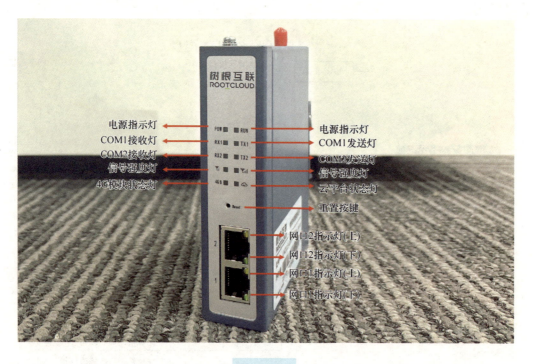

图 1-3-1

表 1-3-1

指示灯标识	说明
POW	电源指示灯，绿色常亮表示正常通电
RUN	运行指示灯，绿色闪烁表示正常运行
TX1	COM1 发送灯，绿色闪烁表示数据传输
RX1	COM1 接收灯，绿色闪烁表示数据接收
TX2	COM2 发送灯，绿色闪烁表示数据传输
RX2	COM2 接收灯，绿色闪烁表示数据接收
网口 2 指示灯	灯灭表示无连接，下方绿灯亮表示连接正常，上方的黄灯闪烁表示有数据传输
网口 1 指示灯	灯灭表示无连接，下方绿灯亮表示连接正常，上方的黄灯闪烁表示有数据传输
▂▃▄	信号强度灯，灯亮表示 CSQ 值[①]大于 10
▂▃▄▅	信号强度灯，灯亮表示 CSQ 值[①]大于 17
4G↑↓	4G 模块状态，灯灭表示 4G 模块不可用，灯亮表示 4G 模块启用正常
☁	云平台状态灯，灯灭表示无法连接云平台，灯亮表示连接成功

① CSQ 值表示信号质量，值的范围在 1~31 之间，值为 31 时，表示信号质量最好。

2. GBox 网关接口说明

GBox 网关要与设备进行通信，可通过网口或串口建立物理连接，网关的接口如图 1-3-2 所示，图 1-3-2a 所示为 GBox 网关顶部，图 1-3-2b 所示为 GBox 网关正面。

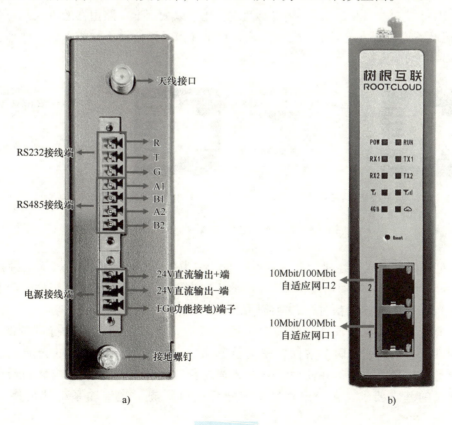

图 1-3-2

GBox 网关的具体连接说明如下：

(1) 串口连接　GBox 网关有两个串口，其中 COM1 是 RS232 或 RS485 接线端，COM2 是 RS485 接线端。当需要 RS232 接线端连接时，将串口线连接到 COM1 的 R/T/G 端。当发送数据时，TX1 指示灯绿色闪烁，接收数据时 RX1 指示灯绿色闪烁。

当需要 RS458 接线端连接时，将串口线连接到 A1-B1 端或 A2-B2 端，A 表示高电平，B 表示低电平。如果串口线接到 A1-B1 端，当数据传输且是高电平传输时，GBox 网关的 TX1 指示灯绿色闪烁，当数据传输且是低电平传输时 GBox 网关的 RX1 指示灯绿色闪烁。如果串口线接到 A2-B2，当数据传输且是高电平传输时，GBox 网关的 TX2 指示灯绿色闪烁，当数据传输且是低电平传输时 GBox 网关的 RX2 指示灯绿色闪烁。

(2) 网口连接　GBox 网关有两个 10Mbit/100Mbit 自适应以太网口，位于网关正面。当网线连接正确，系统供电正常后，网口下方的绿灯亮；当有数据传输时，网口上方的黄灯闪烁。

> **注意**：推荐使用剥线或线鼻子长度为 5mm、刚性或柔性导线截面为 $0.5mm^2$ 或 $0.75mm^2$ 的通信线缆。

3. 以太网口

以太网（Ethernet）是应用最广泛的局域网通信方式，同时也是一种协议。以太网口就是网络数据连接的端口，有电口和光口，电口就是常用的 RJ45 接口（一般的网线接口），光口就是光纤接口。

(1) RJ45 接口　常见的 RJ45 接口有两类：用于以太网卡、路由器的以太网口等的 DTE（数据终端设备）类型，还有用于交换机等的 DCE（数字通信设备）类型，这两种引脚的定义如图 1-3-3 所示。

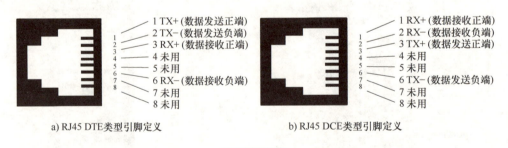

a) RJ45 DTE 类型引脚定义　　　　b) RJ45 DCE 类型引脚定义

图 1-3-3

DTE 可以称为"数据终端设备"，DCE 可以称为"数据通信设备"。从某种意义上来说，DTE 设备称为"主动通信设备"，DCE 设备称为"被动通信设备"。当两个类型一样的设备使用 RJ45 接口连接通信时，必须使用交叉线连接。

(2) 光纤接口　全名是光纤活动连接器。它是光纤与光纤之间进行可拆卸（活动）连接的器件。它把光纤的两个端面精密对接起来，以使发射光纤输出的光能量能最大限度地耦合到接收光纤中去，并使由于其介入光链路而对系统造成的影响减到最小。这是对光纤接口的基本要求。在一定程度上，光纤接口影响了光传输系统的可靠性和各项性能。

1.3.3 任务实施

1. 任务准备

在进行操作之前,需要准备低压绝缘手套和万用表,如图 1-3-4 所示。

1.3-1 任务准备与测量供电电压

低压绝缘手套适用于电压低于 500V 的工作场景,满足本任务需要。本任务需使用万用表测量直流电压和短路情况。使用前请认真检查万用表体、表笔套装是否有破损情况,如有破损应及时更换设备。

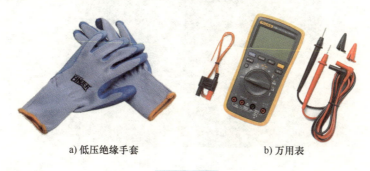

a) 低压绝缘手套　　b) 万用表

图 1-3-4

本任务需要制作电源线端子,需要提前准备电源线、线鼻子、一字螺钉旋具、剥线钳、压线钳、斜口钳(或剪刀),如图 1-3-5 和图 1-3-6 所示。

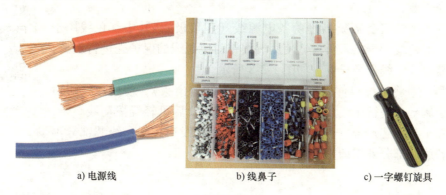

a) 电源线　　b) 线鼻子　　c) 一字螺钉旋具

图 1-3-5

a) 压线钳　　b) 剥线钳　　c) 斜口钳

图 1-3-6

2. 测量供电电压

戴好低压绝缘手套,将万用表设置为测量直流电压,量程为200V。起动设备,找准设备直流电压正负极位置,使用表笔(黑表笔测负极,红表笔测正极)测量电源电压是否与GBox网关电源参数要求相符(本次示例网关的工作电压是24V直流电),如图1-3-7所示。

图 1-3-7

如果电源电压与GBox网关电源参数相符,再进行下一步操作;若不符,则需排查原因后再进行下一步操作。

3. 制作电源线端子

(1)剥线 本任务需要处理两条电源线(正负极),其中红色线用于接入正极,黑色线用于接入负极。使用剥线钳对电源线的保护壳进行剥离,剥离长度需略长于线鼻子长度,如图1-3-8所示。

(2)压线 将电源线伸入线鼻子中(电源线需出头),使用压线钳对线鼻子的金属部分进行压线,如图1-3-9所示。压线后可轻轻拨动线鼻子,需确保线鼻子与线芯贴合,若不贴合请重新使用压线钳压线;线芯部分不能外露,若线芯部分外露请重新制作。

1.3-2 制作电源线端子

图 1-3-8

图 1-3-9

使用斜口钳(或剪刀)将出头的电源线剪去,如图1-3-10所示。

(3)接入端子 将电源线插入线端子卡口中,使用一字螺钉旋具拧紧端子卡口的螺钉,拧紧后检查电源线是否卡紧,如图1-3-11a所示。用同样的方法把另一根电源线接入到另一

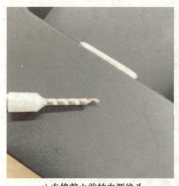 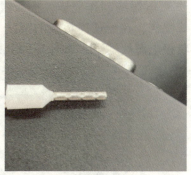

a) 未修剪之前的电源线头　　　　　b) 修剪完成后的电源线头

图 1-3-10

个端子卡口中,把线标管套进压线完成的电源线,如图1-3-11b所示;另一边的端子按照同样的方法完成制作。

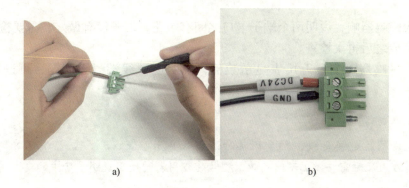

a)　　　　　　　　　　　b)

图 1-3-11

说明: 电源线接入线端子前,需先检查线端子接入GBox网关正、负极的位置,再制作对应端子。图1-3-12所示为检查GBox网关正负极的位置。

图 1-3-12

（4）短路测试　电源线制作完毕，接入线端子后，需要检查线端子是否有短路情况。将万用表调整至蜂鸣档，在无任何负载的情况（电源线不连接任何设备）下，使用红、黑表笔，测量正、负极电源线端子，如图1-3-13所示。

图　1-3-13

若万用表蜂鸣器响，说明两个端子卡口之间有短路，端子没有做好，需要检查电源线并重新接入，完成之后再次检查。

若万用表蜂鸣器不响且万用表显示数值，说明电源线端子无问题，可进行下一步的操作。

说明：
① 若电源线已连接负载，测量短路时请务必关闭电源。
② 使用万用表时需要根据不同品牌、型号的万用表的使用说明手册中的要求进行操作。

4. 安装工业网关

安装本任务选用的工业网关的连接示意图如图1-3-14所示。

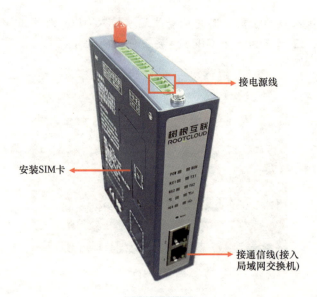

图　1-3-14

（1）安装 SIM 卡　本任务选择 4G 上网方式。网关通过插入 SIM 卡可实现网络功能，SIM 卡规格请选用标准卡。安装 SIM 卡请按以下顺序进行。

1）打开 SIM 卡槽盖子。使用十字螺钉旋具将 SIM 卡盖板上的螺钉拧下，如图 1-3-15a 所示。取下盖板可看到 SIM 卡的安装位置，如图 1-3-15b 所示。

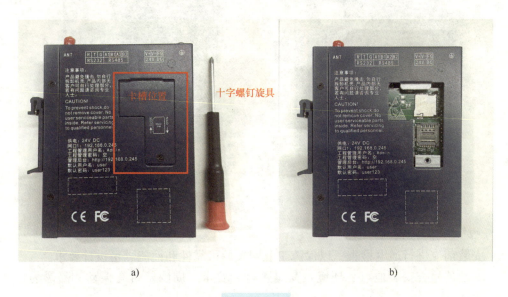

图　1-3-15

2）准备 SIM 卡。请准备好 SIM 卡，并将其拆成如图 1-3-16 所示的规格大小。

图　1-3-16

3）插入 SIM 卡。打开工业网关的卡盖，将 SIM 卡保持芯片面朝下，放置在工业网关的 SIM 卡槽内，把卡盖放下后即完成 SIM 卡安装的整个步骤，如图 1-3-17 所示。

注意：
1）插入 SIM 卡时，务必保证芯片面朝下。
2）所有插拔 SIM 卡的操作，请在工业网关断电时进行，严禁热插拔。
3）如果选用的是有线上网方式，则需要提前准备网线，并把设备和工业网关的以太网口用网线连接好。

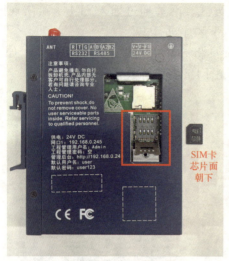

图 1-3-17

（2）安装前的检查

1）安装前应进行通电检查，以保障工业网关的可靠性和性能满足设计要求。

2）安装前检查安装地点、环境负荷是否符合要求，周围是否有振动和易燃易爆物品，以及有无腐蚀性气体等。

3）安装点的温度和湿度不应超过规定的工业网关的工作温度和湿度。

4）关闭设备电源。

（3）接电源线　本任务选择的工业网关默认支持24V直流供电，不可连接220V交流电源，连接不适配的电源将对工业网关造成严重损坏。具体连接说明如下。

1）请先准备好24V直流电源，并按电源说明为其连接供电线路（本书示例中，工业互联网工作站已经配置24V直流电源）。

2）将工业网关上的电源接线端与电源模块的直流输出端相连，请注意正负极对应。图1-3-18所示为工业网关顶端的电源端口接好电源线的效果图。

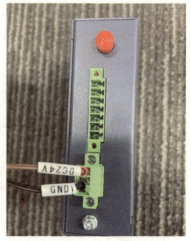

图 1-3-18

（4）接通信线　通信接线可使工业网关和设备之间进行通信连接。本任务的设备已与交换机连接通信，因此，本步骤是把工业网关的网口1通过网线接到交换机上，最终通过交换机实现设备和网关的通信，接线完成后如图1-3-19所示，图中的网口2是预留的，用于有线上网。

5. 修改工业网关地址

GBox默认网口1的IP地址是192.168.0.245；网口2的IP地址是192.168.1.245，它们是不同网段的IP。GBox网关的初始配置可查看工业网关的左面板获取，如图1-3-20所示。

1.3-4 修改工业网关地址

图 1-3-19

图 1-3-20

实施工程师与现场的设备管理人员沟通得知，客户公司的 12 个生产工作站分别对应的 PLC 设备地址范围为 192.168.1.0~192.168.1.11。实施工程师先配置地址为 192.168.1.5 的 PLC 设备，需先修改其对应的 GBox 网关地址。因此，本任务需要把 GBox 网关的网口 1 连接内网，与设备进行通信。此时，需要修改 GBox 网关网口 1 的 IP 地址与 PLC 设备的 IP 地址在同一个网段。

（1）修改计算机 IP 地址　本步骤需要用计算机连接 GBox 网关，访问 GBox 的管理后台，从而对 GBox 网关的网口地址进行修改。而要让计算机与 GBox 连接通信，需要先把计算机的 IP 地址改为与 GBox 网关的网口 1 的 IP 地址在同一个网段。

1）打开控制面板中的"网络和 Internet"，在"网络和 Internet"窗口中，打开"更改匹配器选项"，如图 1-3-21 所示。

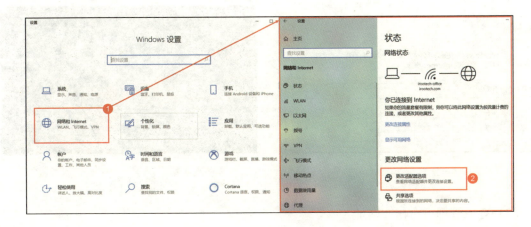

图 1-3-21

2）在网络连接窗口中，双击打开对应的以太网网络，为计算机设置静态 IP 地址，要与 GBox 网关的网口 1 在同一个网段，如图 1-3-22 所示。

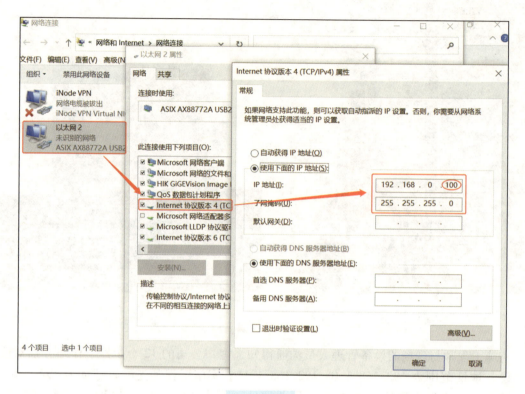

图　1-3-22

（2）计算机与 GBox 网关连通测试

1）测试计算机与 GBox 网关是否已经连通。按<Windows+R>组合键打开"运行窗口"，输入"cmd"命令，单击"确定"按钮，如图 1-3-23 所示。

2）在弹出的窗口中，输入"ping 192.168.0.245"，测试计算机与 GBox 网关的网络通信是否正常。图 1-3-24 所示为网络通信正常时的显示状态。

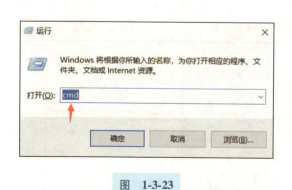

图　1-3-23

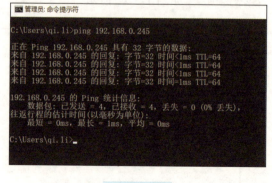

图　1-3-24

（3）登录管理后台修改网址

1）在浏览器地址栏中输入 GBox 网关初始配置地址"192.168.0.245"，在登录页面中输入初始用户名和密码,分别为"user""user123",单击"登录"按钮,如图 1-3-25 所示。

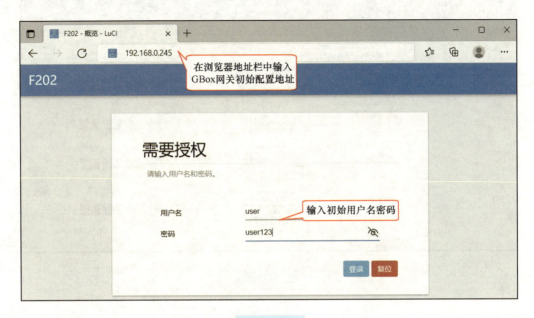

图 1-3-25

2)在跳转的页面中,选择"网络"→"接口"命令,如图 1-3-26 所示。

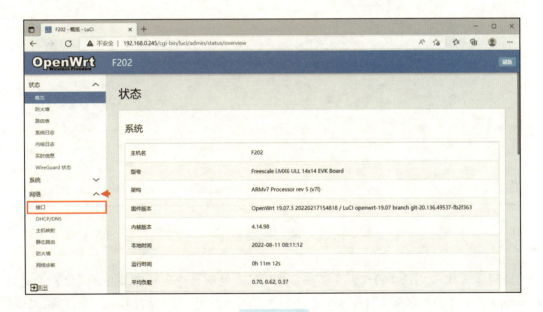

图 1-3-26

3)在跳转的"接口"页面中,单击 LAN 后的"编辑"按钮,如图 1-3-27 所示。在该页面中,网口 1 对应接口 LAN,网口 2 对应接口 NET1。

4)进入网口 1 的配置页面,修改其 IPv4 地址为"192.168.1.115",其他配置无须更改,完成之后单击"保存"按钮,如图 1-3-28 所示。

图 1-3-27

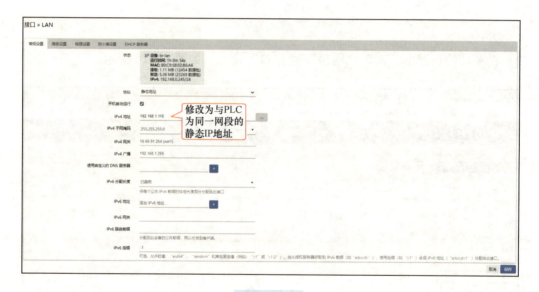

图 1-3-28

> 说明：此 IPv4 地址非固定，是根据客户的工业现场的局域网给工业网关分配的地址而定的，需要与采集数据的设备（本书示例为 PLC）的 IP 地址保持在同一个网段。

6. 设备通电测试

1）在给工业网关上电测试之前，需要检查电源线连接是否正确、接地线连接是否正确。工业网关支持 24V 直流电压，请在佩戴低压绝缘手套之后进行以下操作。

2）打开外部电源，为工业网关供电。

3）工业网关接通电源后，如果连接正常，则 POW 指示灯为绿色常亮，RUN 指示灯绿色闪烁，否则需要根据前面的步骤排查问题。其连接正常的情况如图 1-3-29 所示。测试没有问题之后,工业网关安装调试任务完成。

图 1-3-29

1.3.4 思考与练习

1. 选择题

(1) 以下哪一项不是制作电源线需要使用的工具?(   )
A. 剥线钳   B. 螺钉旋具   C. 斜口钳   D. 压线钳

(2) 已知 PLC 的 IP 地址为 192.168.1.26,工业网关使用哪个 IP 地址才可以与 PLC 通信?(   )

A. 192.168.1.100   B. 192.168.0.26
C. 192.168.26.100   D. 192.168.0.254

(3) 安装工业网关前,以下哪项是不需要检查和确认的?(   )
A. 安装前检查安装地点的环境负荷是否符合要求
B. 确认安装点周围无振动和易燃易爆物品,以及无腐蚀性气体等
C. 确认安装点的温度和湿度不超过规定的网关工作温度和湿度
D. 检查的噪声情况是否符合要求

2. 判断题

(1) 在测量 220~380V 的供电电压时,一定要佩戴低压绝缘手套。(   )
(2) 如果工业网关支持的是 24V 直流供电,则连接 220V 交流电源时将对网关造成严重损坏。(   )
(3) 电源线接入线端子后,就完成了制作,不需要做其他测试。(   )
(4) 工业网关如果选择使用以太网作为联网方式,则不需要安装 SIM 卡。(   )

(5) 在工业网关通电运行时,也能进行插拔 SIM 卡操作。( )

3. 操作题

(1) 按照本任务的操作步骤,制作 1 根长 20cm 的合格电源线。

(2) 按照本任务的操作步骤,把工业网关 GBox 的网口 2 地址修改为 "192.168.1.51"。

任务 1.4 配置工业网关的南向参数

1.4.1 任务说明

【任务描述】

上一个任务中,工业网关已经安装完成,本任务需要项目实施工程师根据安装的工业网关,在相应的工业网关软件中进行参数配置,使工业网关能与设备正常通信,能正确采集到设备中的数据,并转发到工业互联网平台。

【学习导图】

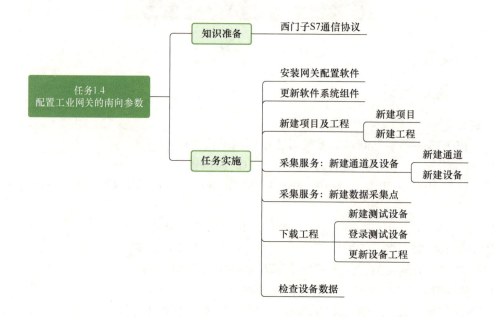

【任务目标】

知识目标

1) 了解西门子 S7 模型与 OSI、TCP/IP 模型的区别。

2) 了解西门子 S7 通信协议的单边通信和双边通信的区别。

技能目标

1) 能安装网关配置软件并更新系统组件。

2) 能在网关配置软件中创建项目、工程、通道和设备。

3)能配置采集点数据。

4)能配置网关与平台的数据转发内容。

1.4.2 知识准备

西门子 S7 通信协议

S7 通信协议是西门子 S7 系列 PLC 内部集成的一种通信协议,其 PLC 设备可以通过该协议进行通信和数据交换。它是一种运行在传输层之上的(会话层/表示层/应用层)、经过特殊优化的通信协议。图 1-4-1 所示为 S7 模型与 OSI(开放系统互联)和 TCP/IP(传输控制协议/互联协议)模型的对比;其信息传输可以基于 MPI(多点接口)网络、PROFIBUS(过程现场总线)网络或者以太网。

层	OSI模型	TCP/IP模型	S7模型
7	应用层	应用层	S7通信
6	表示层		ISO-ON-TCP(RFC1006)
5	会话层		TPKT
4	传输层	传输层	TCP(102端口)
3	网络层	网络互联层	IP
2	数据链路层	网络接口层	以太网/FDL/MPI
1	物理层		以太网/RS-485/MPI

图 1-4-1

S7 通信协议支持以下两种方式。

(1)基于客户端(Client)/服务器(Server)的单边通信 该模式是最常用的通信方式,也称作 S7 单边通信。在该模式中,只需要在客户端一侧进行配置和编程;服务器一侧只需要准备好被访问的数据,不需要任何编程(服务器的"服务"功能是硬件提供的,不需要用户软件的任何设置)。

(2)基于伙伴(Partner)/伙伴的双边通信 也称为 S7 双边通信,或称为客户端——客户端模式。该通信方式有以下 3 个特点。

1)通信双方都需要进行配置和编程。

2)通信需要先建立连接。主动请求建立连接的是主动伙伴(Active Partner),被动等待建立连接的是被动伙伴(Passive Partner)。

3)当通信建立后,通信双方都可以发送或接收数据。

其中客户端只发出命令进行查询,服务端只对命令进行回馈,同伴可以同时发出或响应命令。

1.4.3 任务实施

1. 安装网关配置软件

1)以管理员身份运行教材配套资源中的"GBox 开发系统"安装包,如图 1-4-2 所示,按照安装向导提示进行操作，直至安装完成。

2）安装完成之后，会在计算机桌面出现如图 1-4-3 所示的"GBox 开发系统""GBox 网管系统"两个快捷方式。

1.4-1 新建项目及工程

2. 更新软件系统组件

1）打开"GBox 开发系统"软件，打开后的页面如图 1-4-4 所示。

图 1-4-2

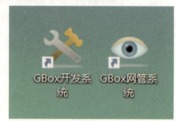

图 1-4-3

图 1-4-4

2）单击"帮助"按钮，在弹出的菜单中选择"检查更新（U）"，弹出"升级服务"对话框，如图 1-4-5 所示。

项目1 工业设备数据采集

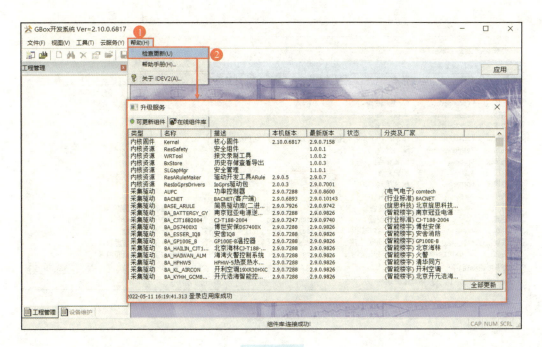

图 1-4-5

3）如图1-4-6所示，在"升级服务"对话框中，打开"在线组件库"选项卡，勾选"全选"复选框，单击"安装选中组件"按钮。

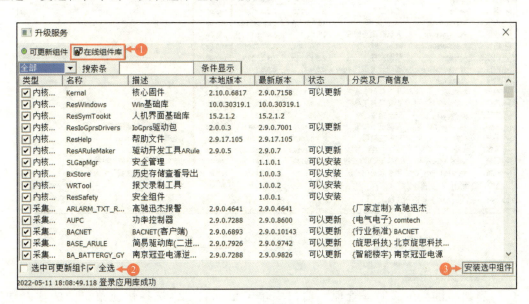

图 1-4-6

4）在弹出的"提示"框中单击"是（Y）"按钮，完成对选中组件的更新，如图1-4-7所示。

5）完成更新后，"状态"栏会显示"100.00"，如图1-4-8所示。

39

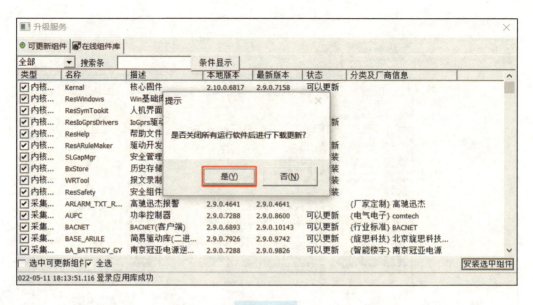

图 1-4-7

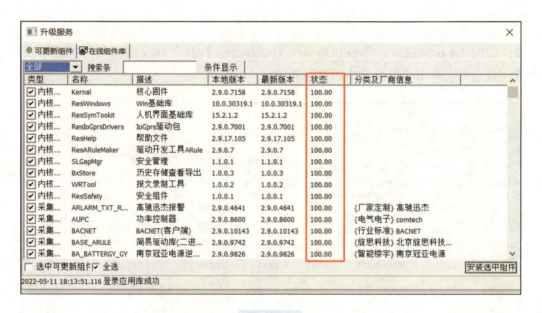

图 1-4-8

3. 新建项目及工程

（1）新建项目　在"工程管理"窗口中单击鼠标右键，选择快捷菜单中的"新建项目"，弹出"项目"对话框。在对话框中输入自定义名称和描述内容，单击"确定"按钮，完成项目的创建，如图 1-4-9 所示。

（2）新建工程　选中"工业数据采集"项目，单击鼠标右键，在快捷菜单中选择"新建工程"，弹出"工程-新建"对话框。在对话框中输入自定义名称，其他内容不需更改，然后单击"OK"按钮，完成工程的创建，如图 1-4-10 所示。

项目1　工业设备数据采集

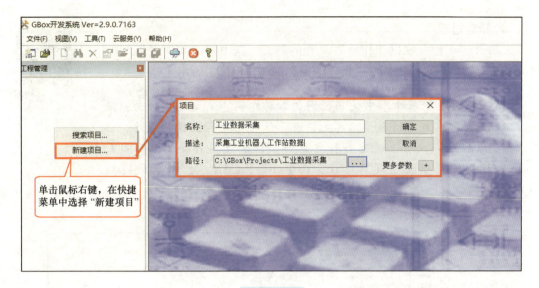

图　1-4-9

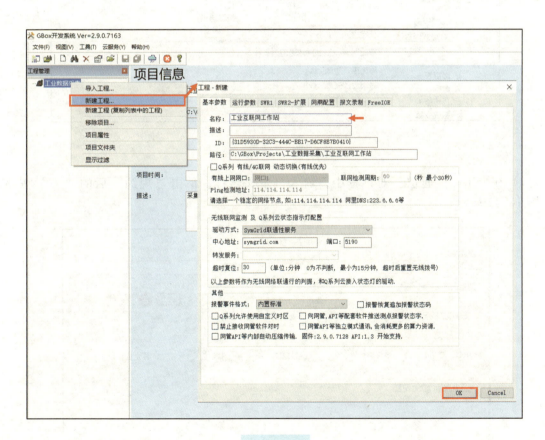

图　1-4-10

说明：在本书使用的网关软件中，"工程"指由多个配置文件构成的文件夹。

4. 新建通道及设备

（1）新建通道

1）展开"工业互联网工作站"工程的列表，选中"采集服务"，单击鼠标右键，选择快捷菜单中的"新建通道"，如图1-4-11所示。

1.4-2 新建通道及设备

> **说明**："通道"属于本书使用的网关软件中的专有名词，分为：采集、转发、级联、虚拟通道等。其主要表示传送信息和数据的通路，协助控制、管理外部设备。通道有特定的协议，通过各种接口，如串口（RS232/RS485）、以太网（TCP/IP，UDP/IP）、CAN（控制器域网）、GPRS（通用分组无线服务）等，与生产现场底层设备进行连接。

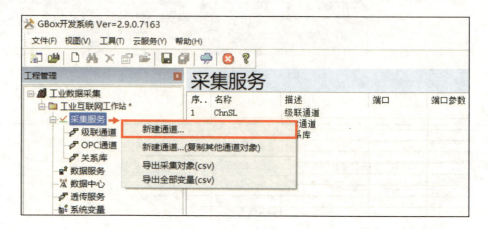

图 1-4-11

2）在弹出的"通道"对话框中，输入自定义名称，单击"规约"后的"…"按钮，如图1-4-12所示。

图 1-4-12

3)在弹出的"请选择驱动"对话框中,选择 PLC 列表下的"SIMENS S7(PLC:200\300\400\1200\1500)",单击"确定"按钮,如图 1-4-13 所示。

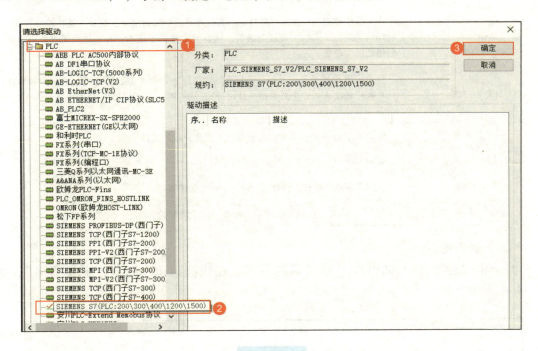

图 1-4-13

4)继续完成"通道配置"选项组的设置,在"端口"下拉列表中选择"虚拟通道",其他配置无须更改,如图 1-4-14 所示。"端口"下拉列表中其他选项的功能说明见表 1-4-1。

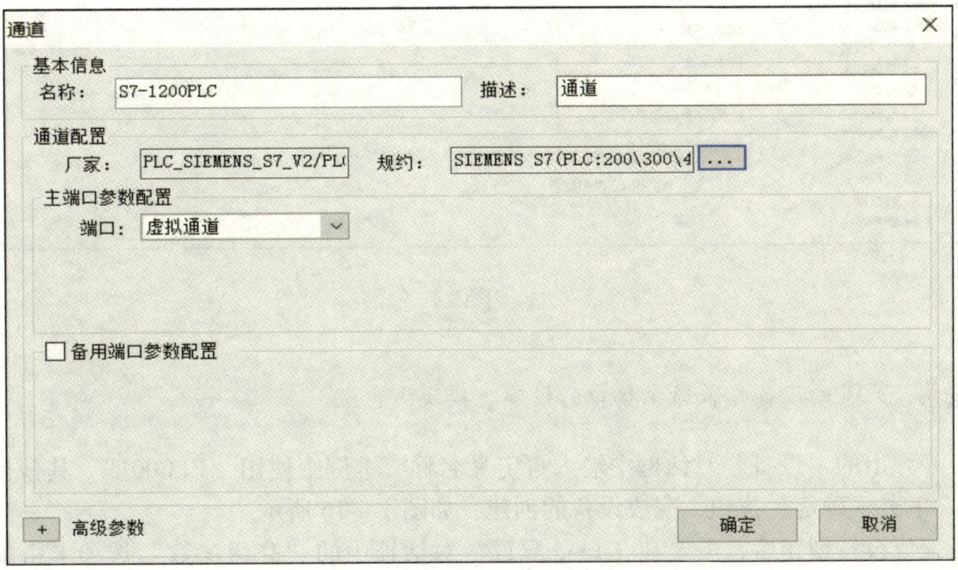

图 1-4-14

表 1-4-1

"端口"下拉列表选项	功能说明
串口	串口能使数据一位位地顺序传送，其特点是通信线路简单，只要一条传输线（可以利用电话线）就可以实现双向通信，从而大大降低了成本，特别适用于远距离通信，但传送速度较慢
TCP 客户端	作为 TCP 连接的发起者，主动与提供数据服务的服务器进行连接。它有两种模式：TCP 客户端模式（一个通道接一台设备）、TCP 客户端多设备模式（一个通道接多台设备）
TCP 服务器	作为 TCP 连接的监听者，监听端口等待客户端的连接
UDP（用户数据协议）	采用 UDP/IP 协议方式与对端进行通信
并口/CAN	一种现场总线接口，供高达 1Mbit/s 的数据传输
虚拟通道	为 GBox 网关程序内部使用的一种通道，无须配置

（2）新建设备

1）选中"通道 S7-1200PLC"，单击鼠标右键，在快捷菜单中选择"新建设备"，如图 1-4-15 所示。

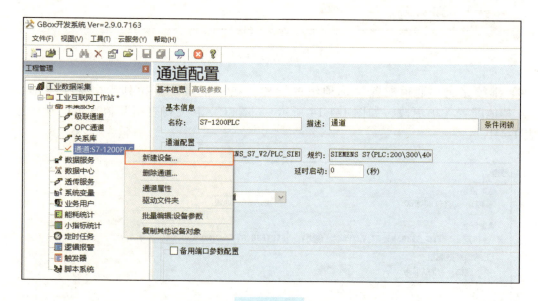

图 1-4-15

说明：此处的设备指带通信接口的设备、模块或系统。

2）在弹出的"设备"对话框中输入自定义名称，本例中使用"PLC001"，其他设置无须更改，单击"确定"按钮，完成设备的创建，如图 1-4-16 所示。

3）完成设备创建后，需要在"设备配置"对话框中的"高级参数"选项卡中配置地址、端口、槽号信息。本例使用的设备地址为"192.168.1.5"；端口号固定为"102"；槽号为"1"；其他信息无须更改，如图 1-4-17 所示。

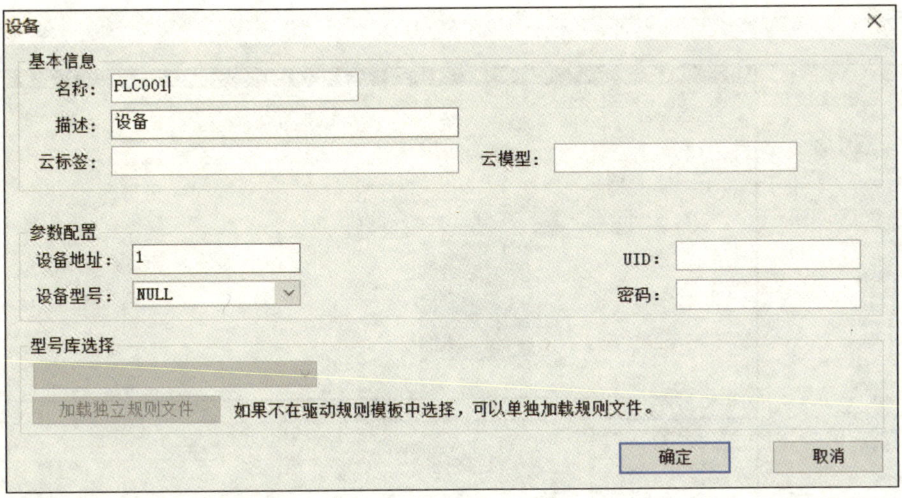

项目1　工业设备数据采集

图　1-4-16

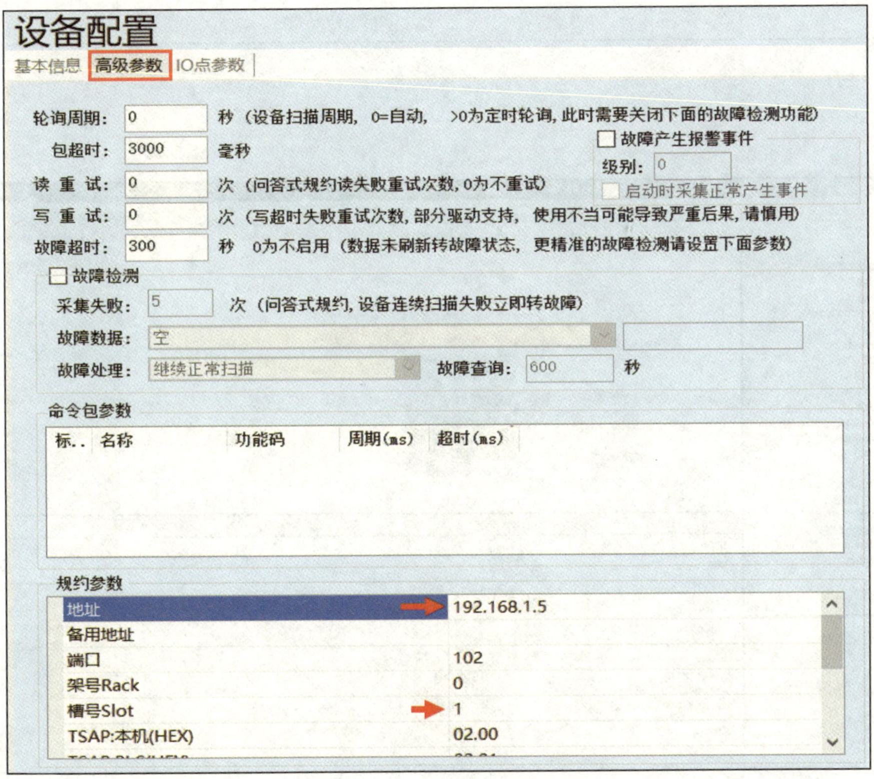

图　1-4-17

注意：不同项目需要根据企业客户的设备实际地址和端口进行配置，这些信息由企业客户的工程师提供，不可直接套用。本例使用的是 PLC 设备，故从博途软件中读取该 PLC 项目文件的地址和槽号信息。博途软件中的信息如图 1-4-18 和图 1-4-19 所示。

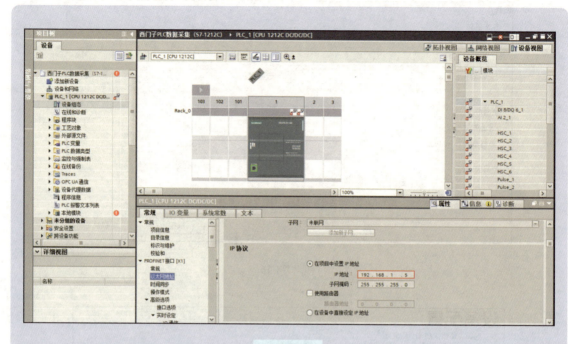

图 1-4-18

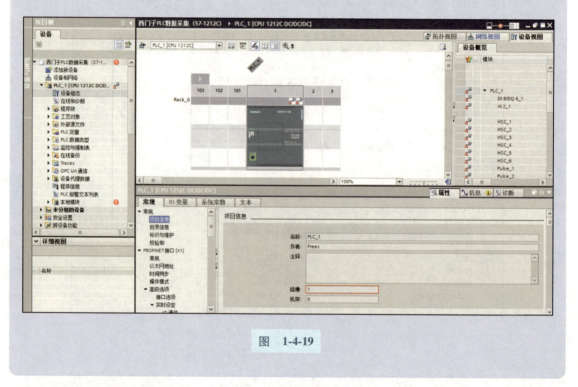

图 1-4-19

5. 新建数据采集点

1)在"设备配置"对话框中选择"IO 点参数"选项卡,在编辑窗口中单击鼠标右键,选择快捷菜单中的"新建 IO 点",如图 1-4-20 所示。

项目1 工业设备数据采集

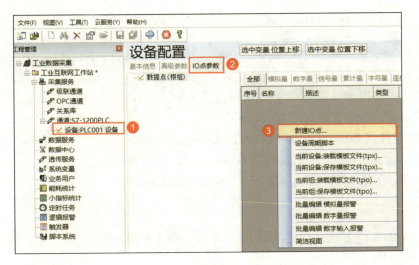

1.4-3 新建数据采集点

图 1-4-20

> **说明**：本操作软件中的 IO 点是对所采集的底层设备（如 PLC、智能设备、仪表等）中的信号的映射。通过 IO 点的名称、描述等属性，可以准确地表达所采集的底层设备中的信号（如温度、压力等）。

2) 在弹出的 "IO 数据点-新建" 对话框中，"名称" 和 "描述" 可自定义输入，本例采集的 IO 数据点是工业互联网工作站的启动信号数据，"名称" 输入为 "StartSignal"；"描述" 输入为 "工作站启动信号"，配置内容如图 1-4-21 所示；其他 IO 点可对应梳理完成的表 1-1-3 进行创建。

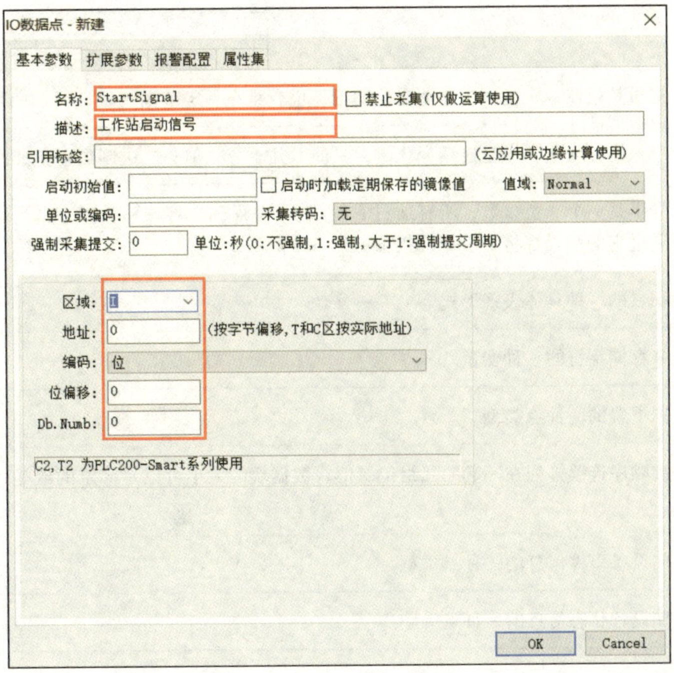

图 1-4-21

47

说明:

1）表 1-1-3 中采集点地址"%I0.0"中的"I"对应的是图 1-4-21 中的"区域"，"I"与"."之间的数字对应的是"地址"，"."后的数字对应的是"位偏移"，如图 1-4-22 所示。如果信息是存储在 PLC 的数据寄存器 Db 中，则还需输入"Db.Numb"。

2）"区域"下拉列表中，I 表示 PLC 的输入信号；Q 表示 PLC 的输出信号；M 表示辅助继电器内部信号；Db 表示数据块；C 表示计数器；T 表示计时器；C2 和 T2 为 PLC200-Smart 系列使用。

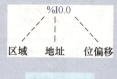

图　1-4-22

3）按照上一步的操作方式，创建其他 IO 采集点，图 1-4-23 所示是按照表 1-1-3 的采集点，示例创建了 6 个 IO 点。

序号	名称	描述	类型	权限	采集周期	单位(...	初值	引用标签	云阈值	提交	标记	CT&PT	系数	阈值	地址	编码	位偏移	DB.Numb	区域
1	StartSignal	工作站启动信号	信号量	只读	1000				0.0100	0		--	--	--	0		0		I
2	StopSignal	工作站停止信号	信号量	只读	1000				0.0100	0		--	--	--	0		1		I
3	UrgencySt...	工作站急停信号	信号量	只读	1000				0.0100	0		--	--	--	0		2		I
4	Alarm	报警信号	信号量	只读	1000				0.0100	0		--	--	--	0		0		Q
5	Waiting	待机信号	信号量	只读	1000				0.0100	0		--	--	--	0		1		Q
6	Working	作业信号	信号量	只读	1000				0.0100	0		--	--	--	0		2		Q

图　1-4-23

IO 点的类型说明见表 1-4-2。

表　1-4-2

类型	描述
模拟量	模拟量是指在一定范围内连续变化的量，也就是在一定范围（定义域）内可以取任意值
数字量	数字量是分立量，不是连续变化量，只能取几个分立值；二进制数字变量只能取两个值
信号量	信号量是一个非负整数，所有通过它的线程/进程都会将该整数减一，当该整数值为零时，所有试图通过它的线程都将处于等待状态
电能量	累积量的一种具体表现形式
字符量	用来存储字符的一种变量
遥控量	数据下置的一种点类型
数据块	是按顺序连续排列在一起的几组记录值。数据块的大小可以是固定的或是可变的，块与块之间有间隙
事件点	存储设备事件信息的一种点类型
设备点	存储设备状态信息的一种点类型

4）配置完成采集信息后，注意要单击"保存"按钮，如图 1-4-24 所示。

项目 1　工业设备数据采集

图　1-4-24

说明：在工业网关软件配置过程中，为了便于备份及多次复用，可以采用批量导出、导入采集点的功能，以提升项目实施的工作效率。

（1）批量导出采集点　在"工程管理"窗口中，选中需要批量导出采集点的设备，单击鼠标右键，在快捷菜单中选择"导出点（csv 格式）…"，如图 1-4-25 所示。选择导出文件存放地址，并单击"保存"按钮，即完成导出操作，如图 1-4-26 所示。

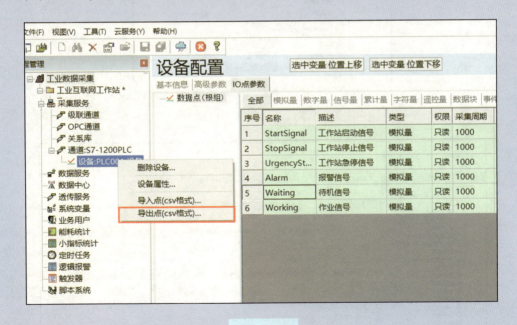

图　1-4-25

（2）批量导入采集点　在"工程管理"窗口中，选中需要批量导出采集点的设备，单击鼠标右键，在快捷菜单中选择"导入点（csv 格式）…"，如图 1-4-27 所示。找到导入文件存放地址，选中文件后单击"打开"按钮，即完成导入操作，如图 1-4-28 所示。

图 1-4-26

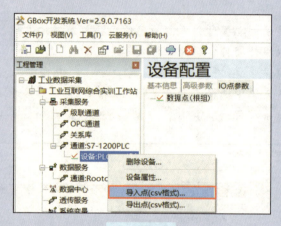

图 1-4-27

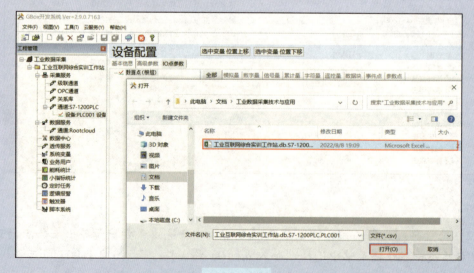

图 1-4-28

6. 下载工程

（1）新建测试设备

1）切换到"设备维护"选项卡，如图 1-4-29 所示。

2）选择"设备列表"，单击鼠标右键，选择快捷菜单中的"新建"选项，如图 1-4-30 所示。

3）在弹出窗口中，"名称"可自定义，本例输入为"PLC001"，"IP"输入为"192.168.1.115"（此处的 IP 需要对应工业网关配置网口 1 的地址），"端口"使用默认的"9200"，单击"确定"按钮，完成新建，如图 1-4-31 所示。

1.4-4 下载工程

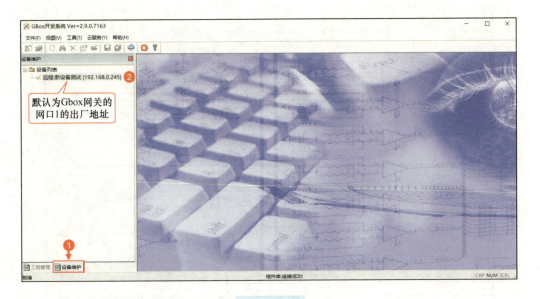

图 1-4-29

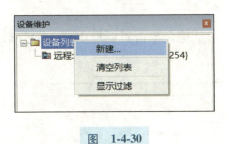

图 1-4-30

图 1-4-31

（2）登录测试设备

1）双击打开新设备"远程：PLC001 {192.168.1.115}"，弹出如图 1-4-32 所示的"远程维护"窗口。

说明：此步骤需在 GBox 网关通电运行且与计算机处于通信的状态下操作。

2）计算机连接到 GBox 网关后，使用默认的用户名"Admin"（密码为空）登录设备，进入"远程维护"主页面，单击"登出"按钮，如图 1-4-33 所示。

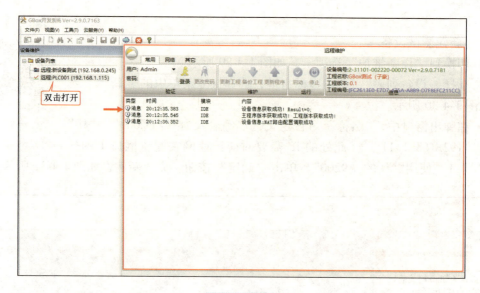

图 1-4-32

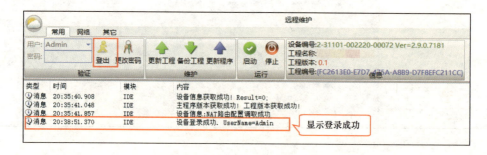

图 1-4-33

（3）更新设备工程

1）单击"更新工程"按钮，弹出"工程文件"对话框。单击对话框中"工程"后的"…"按钮，如图 1-4-34 所示。

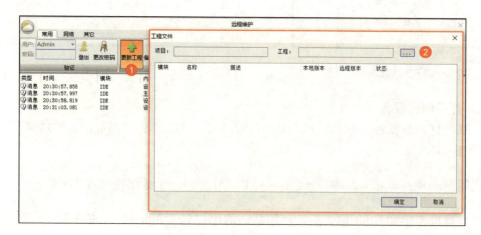

图 1-4-34

2)选择"请选择工程"对话框中的想要更新到 GBox 网关的工程,本例选择"工业互联网工作站"工程,单击"确定"按钮,如图 1-4-35 所示。

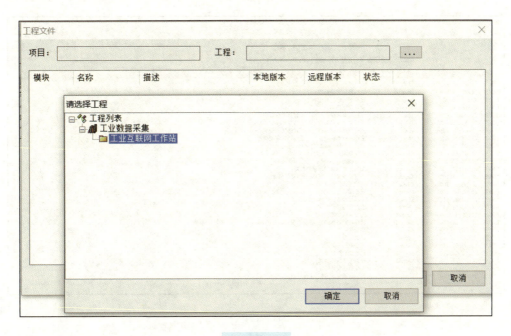

图　1-4-35

3)选择工程文件后,对话框中列出了相关的程序和工程配置,并列出了本地版本和远程版本(连接的 GBox 网关中的版本)的对比。"工程文件"默认会被勾选,且不能取消;如核心固件的本地版本高于 GBox 中的版本,也被默认勾选,但可取消勾选。单击"确定"按钮完成选择,如图 1-4-36 所示。

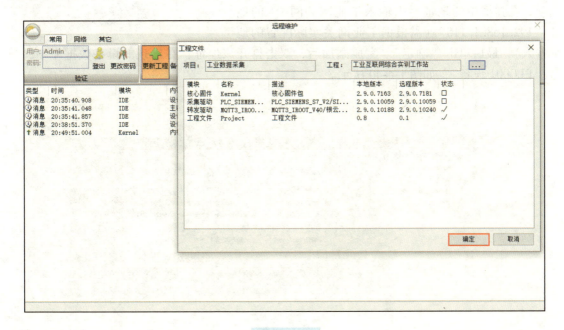

图　1-4-36

4)完成更新之后的页面如图 1-4-37 所示。工程文件更新完成后,GBox 会自动重启,新的工程文件生效。

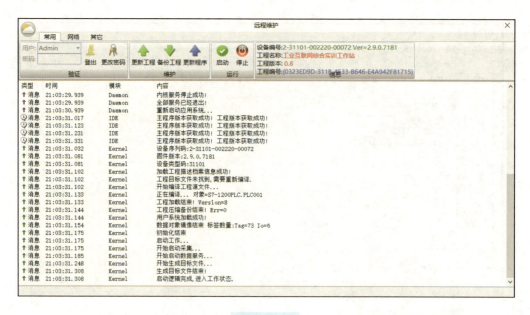

图 1-4-37

7. 检查设备数据

1)双击"GBox 网管系统"快捷方式打开软件,如图 1-4-38 所示。

2)打开软件后,选择如图 1-4-39 所示的"设备列表"并单击鼠标右键,选择快捷菜单中的"添加"选项,在弹框中的地址栏中输入工业网关网 D1 的地址"192.168.1.115"(需根据工业网关实际配置的地址输入),最后单击"确定"。完成添加后,双击打开该地址,在出现的设备数据库中,单击"PLC001 设备",如图 1-4-40 所示。

图 1-4-38

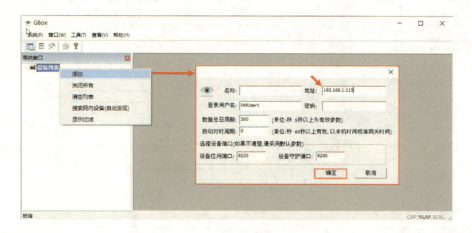

图 1-4-39

图 1-4-40

3）操作设备上对应的按钮，以便产生信号，并对比"GBox 网管系统"上对应的数据是否与操作结果一致。如图 1-4-41 所示，按下设备上的启动按钮，启动信号为"1"；对比图 1-4-42 所示的"StartSignal"（工作站启动信号）数据，其"当前值"也对应变化为"1"，说明 GBox 网关准确采集了设备数据。

图 1-4-41

图 1-4-42

4）按照上步的操作方法，检查其他采集点的数据当前值是否与实际操作结果一致。如果不一致，则需检查 IO 采集点的地址是否配置正确。

在实际工业现场中，每个采集点都需要一一检查，确保网关采集到的数据准确。

1.4.4 思考与练习

1. 选择题

（1）西门子 S7 协议不可以基于以下哪种网络运行？（　　）
A．MPI 网络　　　　　　　　　　　　B．PROFIBUS 网络
C．以太网　　　　　　　　　　　　　D．GRPS

（2）在配置工业网关的南向参数时，不需要创建配置什么内容？（　　）
A．新建 IO 点　　　　　　　　　　　 B．在采集服务中，新建设备
C．填写认证标识和认证密钥　　　　　D．在采集服务中，新建通道

（3）在 GBox 网关中配置南向参数时，以下哪项不是需要在采集服务中新建设备前配置的？（　　）
A．新建 IO 点　　　　　　　　　　　 B．新建工程
C．新建项目　　　　　　　　　　　　D．新建通道

2. 判断题

（1）配置完成工业网关的工程文件之后，需要更新设备工程，把工程下载到工业网关设备才能生效。（　　）

（2）S7 通信协议支持两种方式，分别是基于客户端/服务器的单边通信和基于伙伴/伙伴的双边通信。（　　）

（3）TCP/IP 模型中包含应用层、表示层、会话层和网络接口层。（　　）

3. 思考题

（1）请思考，如果是以下采集点表（表 1-4-3），在 GBox 网关中如何配置采集点？

表 1-4-3

采集点名称	描述	数据类型	信号地址	读写要求	采集频率
Output	产量	DWord	%MD0	只读	1000ms
Switch Mode	切换模式	Bool	%M100.3	只读	1000ms

（2）如果需要采集数据的是设备的速度，则在 GBox 网关中配置 IO 点的类型应该是什么？请简述原因。

任务 1.5　工业设备数字建模

1.5.1 任务说明

【任务描述】

本任务要求项目实施工程师创建工业互联网工作站的网关和设备物模型，并在设备物模

型中添加所需的属性；基于物模型，注册与物理设备对应的物实例，物实例就是在根云平台生成的与物理设备对应的数字孪生设备；最终使设备实时产生的状态数据能上传到根云平台，达到真正的数字镜像。

【学习导图】

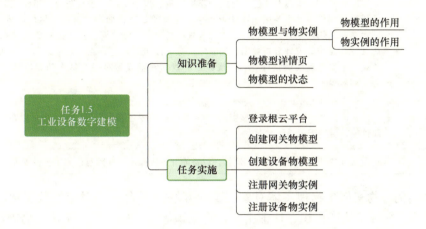

【任务目标】

知识目标

1）了解物模型的状态。
2）了解物模型的报警。
3）了解物模型的指令。
4）熟悉物模型的定义。
5）熟悉物实例的定义。
6）熟悉物模型与物实例的关系。
7）熟悉物模型的属性。

技能目标

1）能创建设备物模型。
2）能添加设备物模型属性。
3）能在根云平台注册与设备实体一一对应的设备物实例。
4）能在根云平台检查物实例对应实体设备的在线状态。

1.5.2 知识准备

1. 物模型与物实例

（1）物模型 物模型指将物理空间中的实体进行数字化，在工业互联网平台构建该实体的数据模型，是对一类实体硬件设备的抽象描述，代表此类设备的共性。由于物模型是基于共同的抽象特征，因此可以让应用程序不再针对一个个产品设备，而是同一类设备采用相同的处理逻辑。例如，即使是不同品牌、不同类型、不同功率的电动机，但在基本属性相同的情况下，可以共用物模型。

物模型由属性、报警、指令等信息所组成，用于设备管理和数据交互，属性、报警、指令的说明见表 1-5-1。

表 1-5-1

类型	说明
属性	属性的属性值来源有 3 种，分别是连接变量、规则指定、手动写值。当属性值来源为连接变量时，则该属性主要用于描述设备生产运行的状态，如瞬时流量、累积流量、供水温度、回水温度、热功率等；当属性值来源为规则指定时，则该属性主要是对原始状态进行一定的规则计算而来的统计分析数据，如故障次数、停机时长等；当属性值来源为手动写值时，则该属性主要是辅助规则计算、实现灵活配置的常量或是对一些基本信息的描述，如设备编号、型号等
报警	设备运行时，产生的事件。例如，设备发生故障或超温报警等，报警也可以在物模型中基于属性值，通过配置规则来触发
指令	设备可被外部下发的操作。例如，设备的开关机操作、故障复位或工艺设置等

（2）物实例　物实例是物理实体对象在工业互联网平台一一对应的数字化映射。它基于物模型注册，携带了认证标识、认证密钥、物标识等唯一标识，用于执行物理设备接入平台、监控设备工况、下发指令、查看设备报警等操作。

物实例和物模型是多对一的继承关系，如图 1-5-1 所示。当需要对属性、指令、报警的信息进行调整时，仅修改物模型并发布，就可将修改同步到所有具备继承关系的物实例上。

例如，某工厂有 10 块型号一致的电表，接入平台时，可以先创建一个电表物模型，然后根据每块电表接入信息的不同，分别注册 10 个电表物实例。

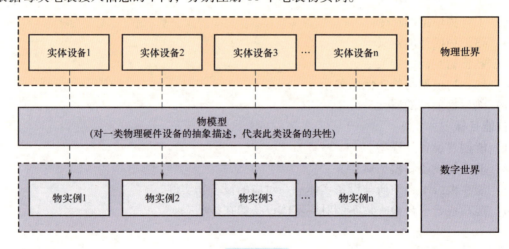

图 1-5-1

2. 物模型详情页

成功创建物模型后，可以在控制台管理、查看具体的物模型信息。在"接入与建模"左侧的导航栏中选择"物"→"物模型"，进入物模型列表页，模型列表默认显示当前账号下的所有设备模型，如图 1-5-2 所示。

单击物模型对应的图标或"查看"按钮，进入物模型的详情页面，在该页面可以编辑物模型的基本信息、接入信息、描述说明等内容，也可以配置模型的属性、指令和报警等参

项目1　工业设备数据采集

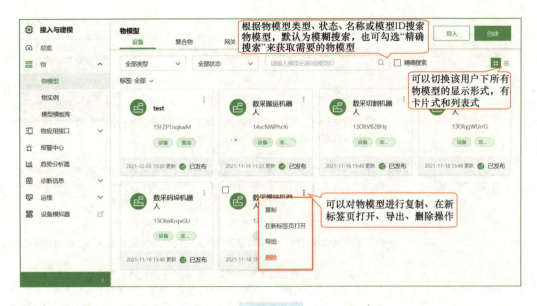

图　1-5-2

数，如图1-5-3所示。物模型详情页中各参数的说明见表1-5-2。

图　1-5-3

表　1-5-2

参数	说明
模型ID	用于物模型的唯一标识，在创建物模型时由平台分配获得
物实例数	本模型下关联创建的物实例数量

(续)

参数	说明
所属组织	本模型所属的租户名
创建人	创建本模型的用户名
基本信息	默认包括厂商、型号、固件版本、分类等，信息内容可在物实例中修改，信息项需要在物模型中定义
离线检测周期	单击"接入信息"后的图标可编辑。只有非直连设备需要设置离线检测周期，它是判断非直连设备连接状态的重要指标，默认为300s。网关在线时，非直连设备与平台在设置的检测周期内没有通信，则非直连设备处于离线状态
自动组网状态	自动组网即通过网关连接的设备与网关之间自动组成通信网络。自动组网的使用场景： 在实际生产中，存在以下场景：某工厂有通过网关连接的设备A、B、C、D，计划将设备A、B通过网关1上报数据，设备C、D通过网关2上报数据到平台，而上电后发现，由于设备B与网关2的距离更近，需要将设备B通过网关2上报数据。为了适应这样的场景，平台允许网关2通过MQTT协议的主题（Topic）主动向平台请求关联设备B，请求成功后，平台将自动更换当前设备与网关的关联关系
工况生成时间最小单位	产生工况周期的最小时间单位
有效工况时间范围	当某条数据的设备基准时间与工况数据实际上报到平台的时间间隔大于该范围时，这条数据将被删除。默认为24h
工况基准时间设置	默认为生成时间，即设备实际上报工况的时间。可以设置为工况数据实际上报到平台的时间。工况数据实际上报到平台的时间主要是为了诊断和分析数据是否有延迟、延迟了多久，当工况数据实际上报到平台的时间与生成时间差距过大时，可能存在时钟未同步等问题
自动注册状态	开关打开后，平台会自动为设备注册物实例
属性	描述工业设备的某种状态，例如开机、关机、待机、作业、故障停机等设备状态，设备的电流、电压、温度、振动等实时值，设备在生产过程中衍生出的开机率、作业率、瓶颈率、冗余率等业务指标等
指令	定义向设备下发的操作，如设备开机、关机、重启、输入某属性指定的数值等
报警	定义平台产生报警的规则

3. 物模型的状态

物模型创建后分为"未发布""已发布""草稿"3种状态，详细说明如下。

（1）"未发布" "未发布"为刚创建物模型后的状态，如图1-5-4所示。在该状态下可直接进入物模型详情页面，编辑物模型的信息、属性、指令和报警等。

（2）"已发布" "已发布"为单击"发布"后的状态，如图1-5-5所示。在该状态下不能编辑物模型的信息、属性、指令和报警。只有该状态的物模型可以注册物实例。

（3）"草稿" "草稿"为在已发布的物模型中单击"修改模型"后的状态，如图1-5-6所示。在该状态下可重新编辑物模型的信息、属性、指令和报警。

项目1　工业设备数据采集

图　1-5-4

图　1-5-5

图　1-5-6

1.5.3 任务实施

1. 登录根云平台

1)打开浏览器,在地址栏中输入"https://console.rootcloud.com"后按<Enter>键,进入根云平台首页。在根云平台首页,可以通过单击"立即加入"按钮,进入根云平台的登录页面;也可以通过单击"进入控制台"按钮,进入根云平台的登录页面,如图1-5-7所示。

1.5-1 登录根云平台

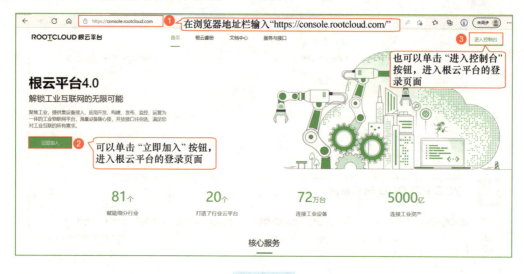

图 1-5-7

> 说明:建议使用谷歌浏览器登录根云平台。

2)在登录页面中,分别输入"用户名"和密码,单击"登录"按钮,进入根云平台租户页面,如图1-5-8所示。

图 1-5-8

3）根云平台租户页面如图 1-5-9 所示。

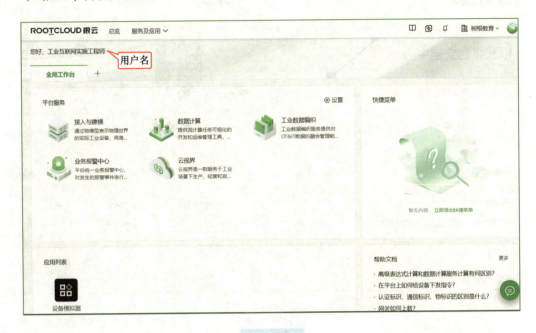

图 1-5-9

> **说明**：根云平台租户页面显示的平台服务，是租户已经采购的平台功能，由于不同租户采购的服务不一样，可能会有不同显示。

4）在根云平台租户页面中，将鼠标指针放在图 1-5-10 所示的图标位置，会出现"文档中心"与"服务支持"按钮。单击"文档中心"按钮，会跳转到"根云平台文档中心"页面，可查看根云平台介绍及服务内容，如图 1-5-11 所示。单击"服务支持"按钮，可跳转到"提交新问题"页面，如图 1-5-12 所示。在使用根云平台的过程中，若发现 bug（缺陷），可在此页面提交反馈。

图 1-5-10

图 1-5-11

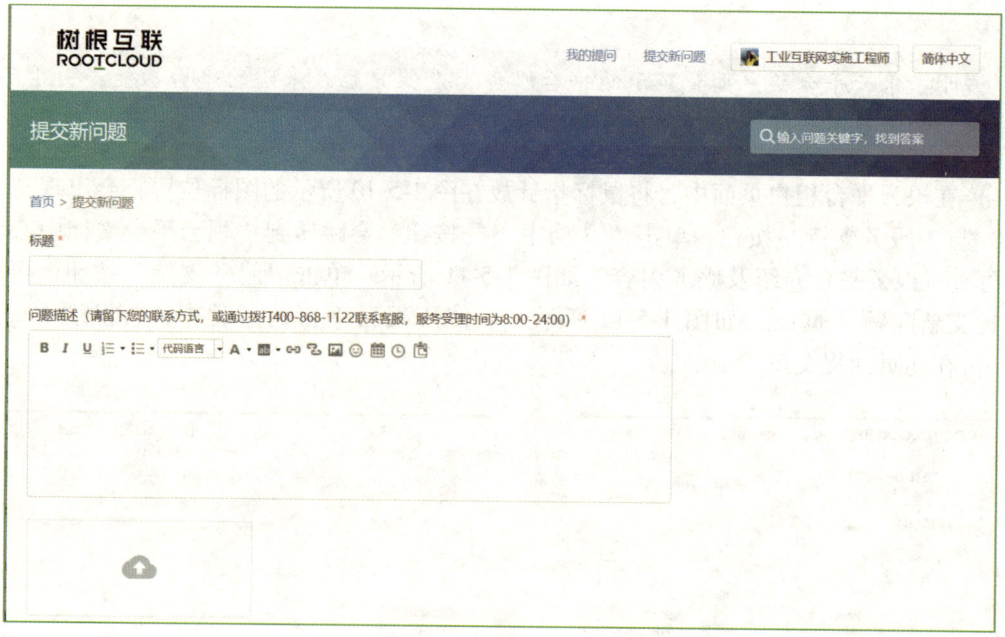

图 1-5-12

5)如图 1-5-13 所示,根云平台租户页面中箭头所指的是账户所在租户的名称,如果同一个账户存在多个租户,可以在此进行切换。

6)在根云平台租户页面中,将鼠标指针放在图 1-5-14 中箭头所指的用户头像上,会显示该账户的"用户名称""个人中心"和"退出"按钮。单击"个人中心"按钮,进入个人中心页面,可以查看和修改用户的基本信息,如图 1-5-15 所示。

项目 1　工业设备数据采集

图　1-5-13

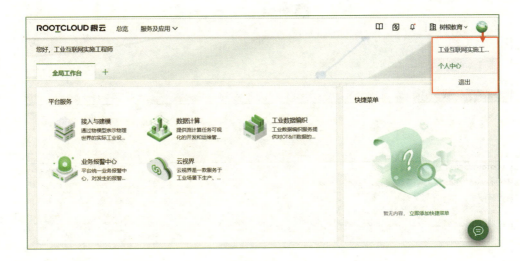

图　1-5-14

图　1-5-15

2. 创建网关物模型

1）把鼠标指针放置在根云平台租户导航栏的"服务及应用"标签上，在弹出的"快捷菜单"中单击"接入与建模"按钮，如图1-5-16所示，进入图1-5-17所示页面，会显示该租户下所有已经创建的物实例和物模型情况，显示已经接入设备的状态。如果还未创建物实例或物模型，则对应显示的数值为0。

1.5-2 创建网关物模型

图 1-5-16

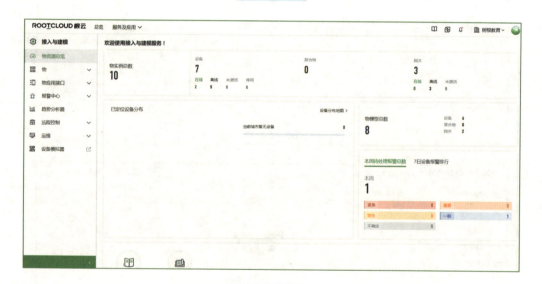

图 1-5-17

2）单击"物"节点的三角符号展开隐藏的节点，在展开的隐藏节点中，单击"物模型"节点，如图1-5-18所示。

3）进入"物模型"页面，单击"创建"按钮，创建一个新的物模型，如图1-5-19所示。

4）在弹出的"创建物模型"对话框中，单击"直接创建"按钮，如图1-5-20所示。

项目1　工业设备数据采集

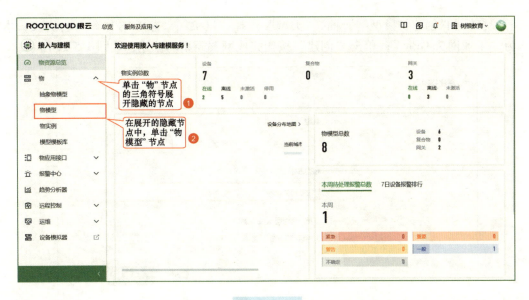

图　1-5-18

图　1-5-19

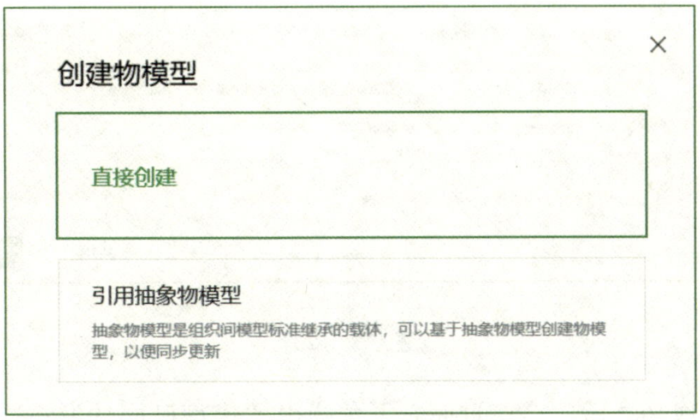

图　1-5-20

5）跳转到"创建物模型"页面，"类型"选择"网关"；"模型名称"可自定义，本例输入为"工业网关GBox"；单击"创建"按钮完成网关模型的创建，如图1-5-21所示。

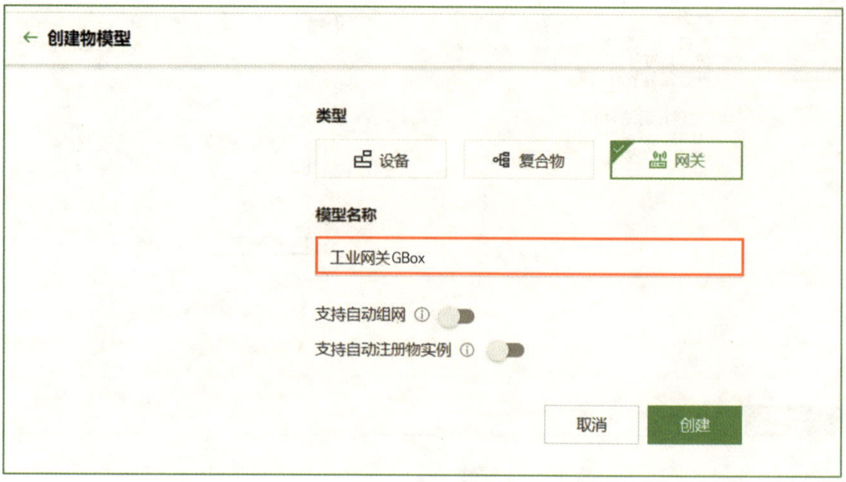

图 1-5-21

> **说明：**"模型名称"可以根据租户实际使用的网关来自定义，例如，码垛机器人、镗床、空气压缩机、真空干燥机等。但需要注意的是，同一个租户不能创建同名的物模型。本书涉及的物模型、物实例创建命名，如果是教学使用，建议后缀加上学员姓名以便区分。

6）创建完成之后，会跳转到创建完成的"工业网关GBox"的配置页面，单击"发布"按钮，如图1-5-22所示。

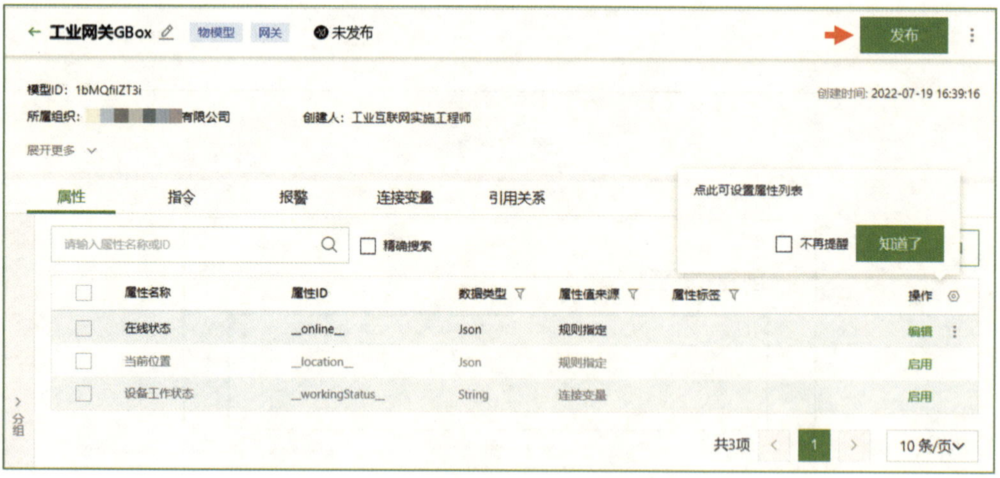

图 1-5-22

7）物模型发布成功之后，会在页面右下角弹出"模型已成功发布"的消息，模型状态会变为"已发布"状态，如图1-5-23所示。此时，如果需要修改模型配置，可以单击"修改模型"按钮,把模型切换到可编辑状态。

图 1-5-23

> **说明**:本例中的工业网关模型不需要做其他修改,因此可直接发布模型。对于设备类的物模型,如有添加属性、指令、报警灯的需求,建议认真审核,审核无误后再进行发布。

3. 创建设备物模型

1)返回"物模型"页面,单击"创建"——"直接创建"按钮,创建一个新的物模型,如图 1-5-24 所示。

2)在弹出的"创建物模型"页面中,"类型"选择"设备";"模型名称"可自定义,本例输入为"工业互联网工作站 PLC";"分类"选择"其他";最后单击"创建"按钮,如图 1-5-25 所示。

1.5-3 创建设备物模型

3)创建完成之后,会跳转到创建完成的"工业互联网工作站 PLC"的配置页面,在页面的"属性"选项卡中,单击"手动添加"按钮,开始配置模型属性,如图 1-5-26 所示。

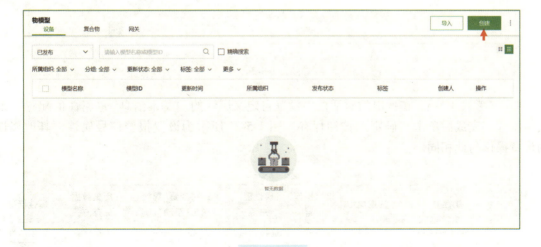

图 1-5-24

图 1-5-25

图 1-5-26

4)参考表 1-5-3,在弹出的对话框中设置自定义属性的"基本信息""属性值配置"及其他配置,完成后单击"确定"按钮保存。图 1-5-27 所示为设置报警信号属性,其他属性的设置操作与此相同。

表 1-5-3

属性名称	属性 ID	数据类型	读写操作设置	属性值来源	连接变量/规则指定/手动写值	历史数据保存方式	属性标签
启动信号	Start Signal	Integer	只读	连接变量	Start Signal	上报保存	原生属性
停止信号	Stop Signal	Integer	只读	连接变量	Stop Signal	上报保存	原生属性

项目1 工业设备数据采集

（续）

属性名称	属性ID	数据类型	读写操作设置	属性值来源	连接变量/规则指定/手动写值	历史数据保存方式	属性标签
急停信号	Urgency Stop	Integer	只读	连接变量	Urgency Stop	上报保存	原生属性
报警信号	Alarm	Integer	只读	连接变量	Alarm	上报保存	原生属性
待机信号	Waiting	Integer	只读	连接变量	Waiting	上报保存	原生属性
作业信号	Working	Integer	只读	连接变量	Working	上报保存	原生属性

……

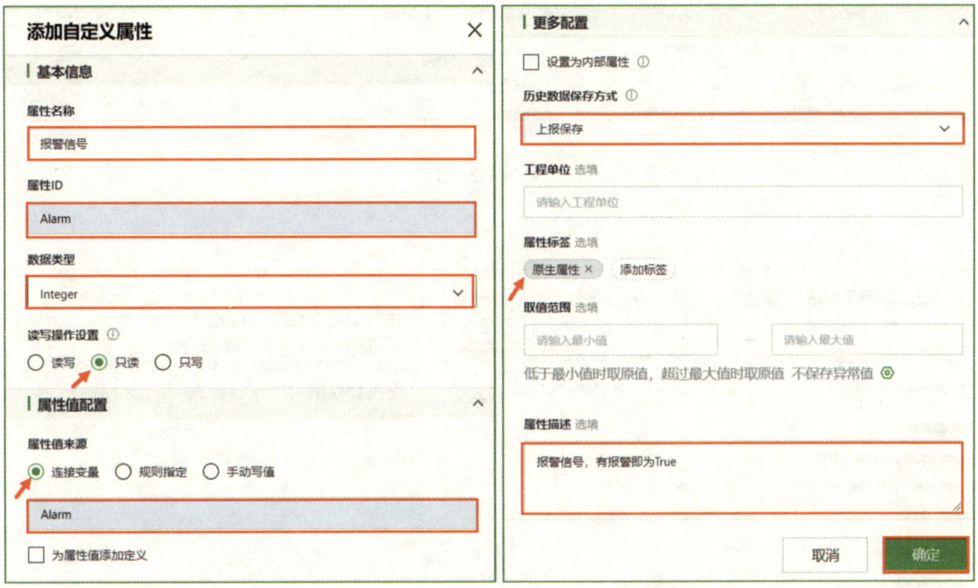

图 1-5-27

> 说明：
> 1) 属性名称、属性ID、属性标签和属性描述都可以自定义。在项目实施中，一般建议属性ID和网关软件配置中的采集IO点名称一致，方便对应查验数据。
> 2) 表1-5-3中只列举了6个属性，实际工业现场需要根据业务需求，整理所需的属性，进行统一添加。属性值来源为连接变量的属性，主要是根据采集点表信息来确定，如表1-5-3中的属性即是根据表1-1-3中的信息来确定的。

5) 完成属性添加之后，单击"发布"按钮，如图1-5-28所示。发布成功之后，在页面右下角弹出"物模型已成功发布"的消息。

6) 发布完成之后的页面如图1-5-29所示。

4. 注册网关物实例

1) 在"接入与建模"导航栏中单击"物实例"节点，再单击"注册"按钮，如图1-5-30所示。

2) 页面跳转到"注册物实例"页面，该页面的配置如图1-5-31所示；具体填写内容说明见表1-5-4。

1.5-4 注册网关物实例

71

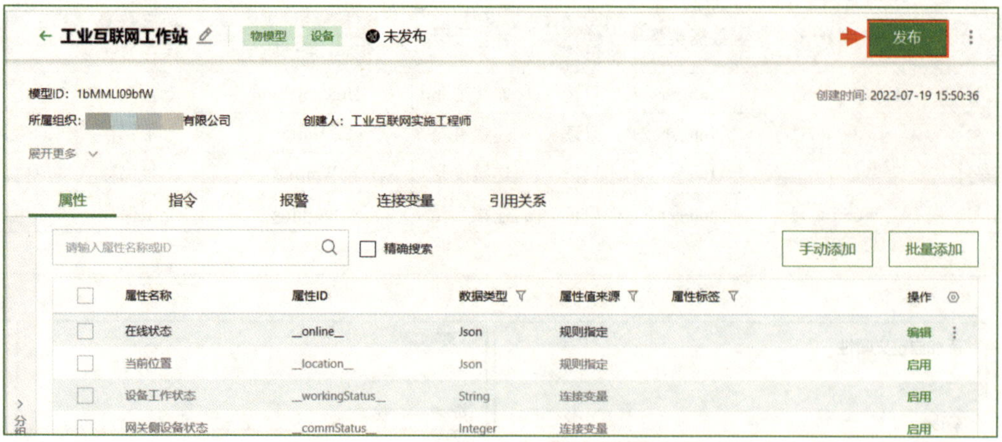

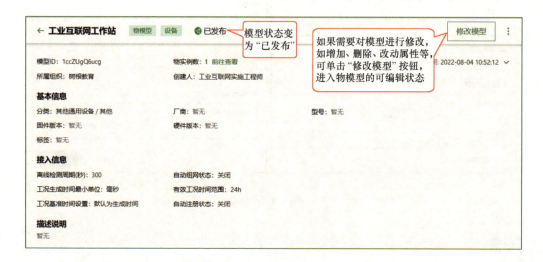

图 1-5-28

图 1-5-29

图 1-5-30

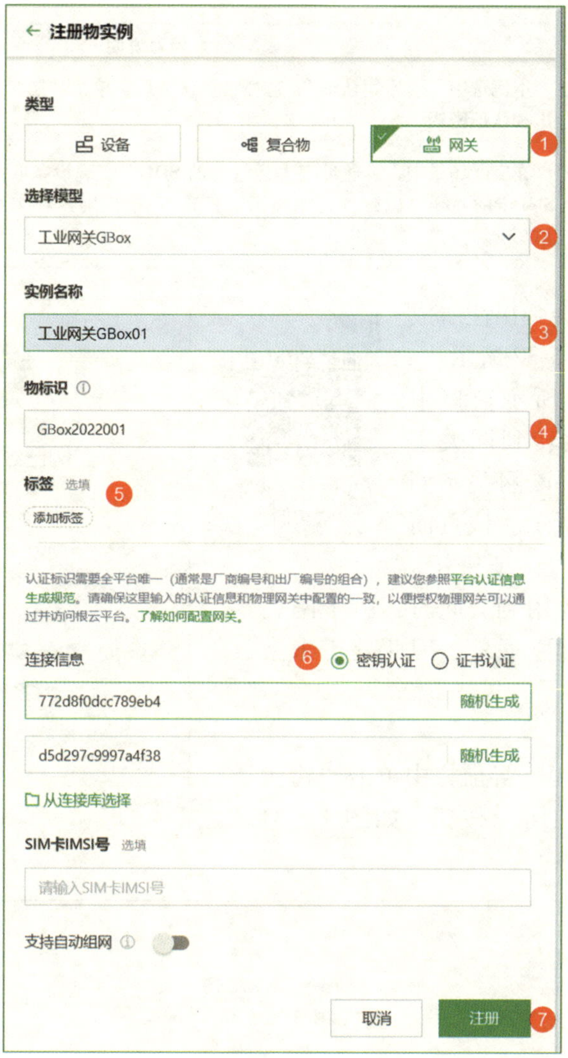

项目1 工业设备数据采集

图 1-5-31

表 1-5-4

序号	选项	填写说明
1	类型	根据需要创建的类型进行选择,本例创建的是网关物实例,所以选择"网关"
2	选择模型	在下拉列表中选中本任务前面步骤创建的"工业网关GBox";仅能选择已经创建并发布的物模型
3	实例名称	可自定义,本例使用"工业网关GBox01";由于物实例是一一对应设备或者网关的,生产车间里某个类型的设备可能会有多台,因此在名称上通常还需要带上编码或者其他便于区分的符号,如设备类的实例可以命名为"1号焊接机器人""C区镗床#1号""W01卧式加工中心"等
4	物标识	通常可以使用设备的序列号、IMEI(国际移动设备识别码)、MAC地址等,也可以按照一定的规则自定义,如使用设备在组织中的资产编码作为物标识,本例使用"GBox"
5	标签	用于标记设备,便于后续查找。可批量添加标签,每台设备最多可添加10个标签,本例中没有填写

(续)

序号	选项	填写说明
6	连接信息	本例选中了"密钥认证";选择密钥认证后,单击"随机生成"按钮,可生成认证标识和认证密钥
7	SIM 卡 IMSI 号	在实际场景中,可通过三大运营商的 SIM 卡实现设备联网的网关或设备,可以填写 SIM 卡的 IMSI(国际移动用户识别码),便于识别该物实例对应的设备。本示例无须填写

3)注册成功后,会弹出注册成功的提示窗口,如图 1-5-32 所示。

4)单击图 1-5-32 所示窗口中"前往查看"按钮,跳转到网关实例信息页面,可以查看该网关实例的信息,如图 1-5-33 所示。该页面中的"认证标识"和"认证密钥"在下个任务的操作中要用到。此时,由于网关实例与实物网关还未建立通信,因此处于未激活状态。

1.5-5 注册设备物实例

图 1-5-32

5. 注册设备物实例

1)在"接入与建模"导航栏中单击"物实例"节点,再单击"注册"按钮,如图 1-5-34 所示。

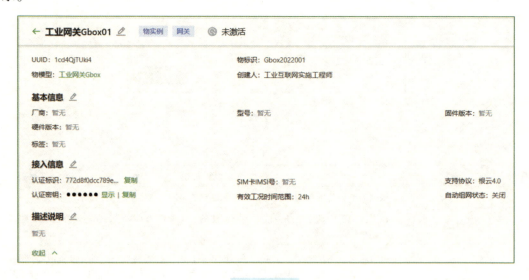

图 1-5-33

2)跳转到"注册物实例"页面,"类型"选择"设备";在"选择模型"的下拉列表中选择本任务前面步骤中创建的"工业互联网工作站 PLC";"实例名称"可自定义,本例使用"工业互联网工作站 PLC 001";"物标识"建议使用设备序列号,也可以按照一定的规则自定义;"连"网方式选择"通过网关连接";"关联网关"选择本任务前面步骤中创

项目 1　工业设备数据采集

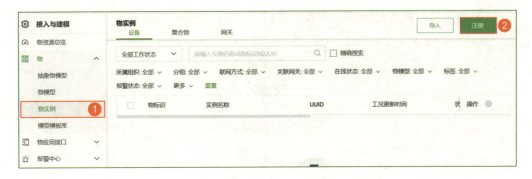

图　1-5-34

建的"工业网关 GBox01";"通信标识"会根据物标识自动生成;最后单击"注册"按钮,完成设备实例的注册,如图 1-5-35 所示。

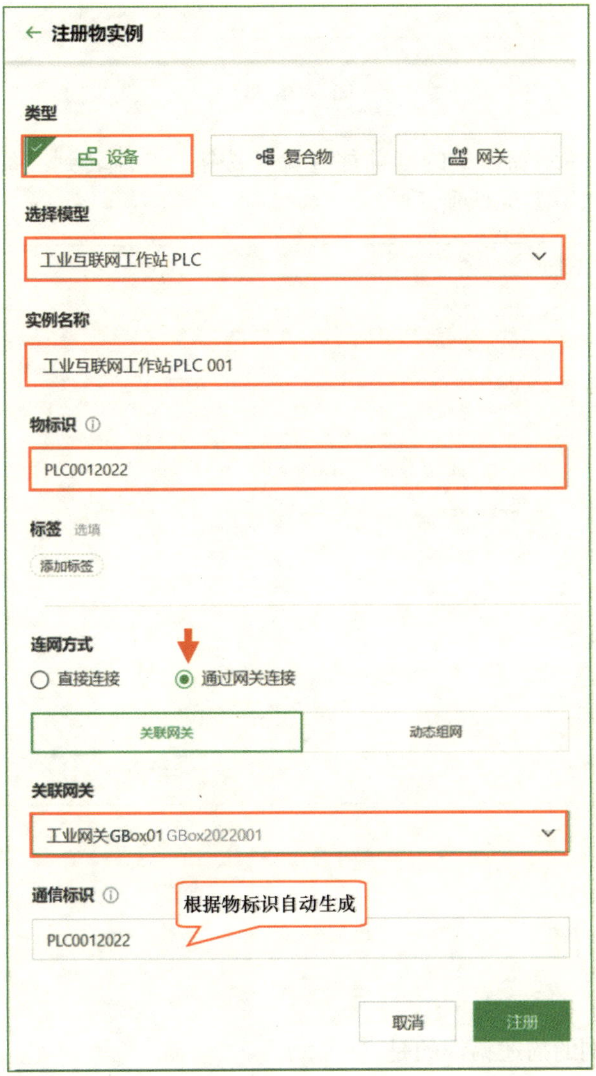

图　1-5-35

3)注册成功后,弹出注册成功的提示窗口,如图 1-5-36 所示。

图 1-5-36

4)单击图 1-5-36 所示窗口中的"前往查看"按钮,会跳转到设备实例信息页面,可以查看该实例的信息,如图 1-5-37 所示。

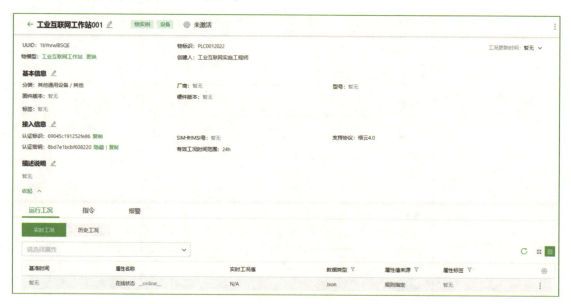

图 1-5-37

1.5.4 思考与练习

1. 选择题

(1)下列对物实例的描述错误的是(　　)。

A. 物实例和物模型是多对一的继承关系

B. 物实例是物理实体对象在工业互联网平台——对应的数字化映射

C. 物模型是继承于物实例的

D. 物实例基于物模型注册，携带了认证标识、认证密钥、物标识等唯一标识

（2）当需要在根云平台的某个物模型中创建"设备编号"的属性时，其属性值来源为（　　）。

A. 连接变量　　　　B. 数据交互　　　　C. 自动生成　　　　D. 手动写值

（3）物模型属性的属性值来源有 3 种，分别是（　　）（多选题）。

A. 连接变量　　　　　　　　　　　　B. 规则指定

C. 自动生成　　　　　　　　　　　　D. 手动写值

E. 引用物实例

2．判断题

（1）物实例指将物理空间中的实体进行数字化，并在工业互联网平台构建该实体的数据模型，是对一类实体硬件设备的抽象描述。（　　）

（2）需要在根云平台先注册物实例才能创建物模型。（　　）

（3）当需要对属性、指令、报警的信息进行调整时，仅修改物模型并发布，就可将修改的信息同步到所有具备继承关系的物实例上。（　　）

（4）物模型由属性、报警、指令等信息所组成，用于设备管理和设备交互。（　　）

3．思考题

某企业有 10 台同一品牌、型号的机床和 5 台同一品牌、型号的工业机器人需要做设备物联，采集数据接入根云平台，请问需要在平台中最少创建多少个物模型？注册多少个物实例？

任务 1.6　配置工业网关的北向参数及校验数据

1.6.1　任务说明

【任务描述】

在本任务中，项目实施工程师需要在工业网关的工程文件中配置转发到工业互联网平台的数据，以便在工业互联网平台进行显示、存储和处理等操作。

对转发到工业互联网平台的数据，需要进行校验，检查其时延和准确性，以确保采集到的数据的时效性和真实性。

【学习导图】

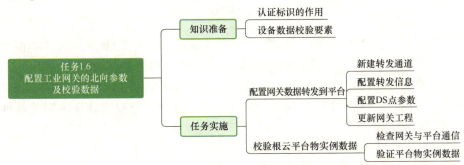

【任务目标】

知识目标
1）了解认证标识和认证密钥的作用。
2）熟悉对数据进行校验的要素。
3）熟悉验证数据准确性的关注点。

技能目标
1）能把网关采集到的数据配置转发到工业互联网平台。
2）能配置转发通道和转发信息。
3）能根据物实例的状态判断工业网关与工业互联网平台的通信情况。
4）能验证工业互联网平台物实例数据的准确性和时延。
5）能对工业网关与工业互联网平台间通信出现的问题进行诊断及解决。
6）能对物实例的工况数据出现的问题进行诊断及解决。

1.6.2 知识准备

1. 认证标识的作用

认证标识主要是用于设备与平台建立连接时进行设备身份的认证。当设备与平台具有相同的认证标识后，设备才能接入平台并上传数据。在同一个工业互联网平台中，一个物实例具有唯一的认证标识和认证密钥，如图 1-6-1 所示。

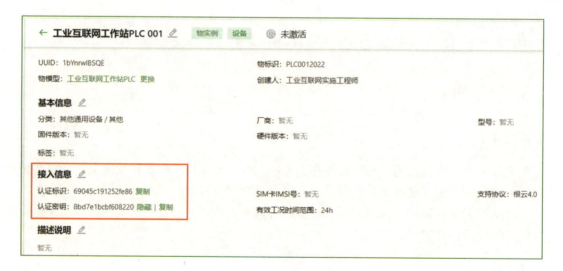

图 1-6-1

（1）认证标识 支持 1~256 位英文字母、数字或符号，仅支持_#:-.@，不能使用 $ 等其他字符，不能为空字符串。网关软件中的 Client ID 和用户名需要输入认证标识。

（2）认证密钥 支持 8~512 位英文字母、数字或特殊字符（参考 ASCII 编码标准）。选择"证书认证"时，认证密钥为非必填项，填写后连接会进行双重认证。网关软件中的密码需要输入认证密钥。

认证标识可以通过以下方式获取。

项目 1　工业设备数据采集

1）设备厂商生成时刻录到物理设备中，可联系设备厂商直接获取。
2）在工业互联网平台创建物实例时随机生成。
3）用户自定义。

2. 设备数据校验要素

工业互联网的核心价值之一是通过万物互联，建立物理世界的数字镜像，采集物理设备的数据，来驱动制造企业的数字化运营。而工业互联网数据的关键优势在于实时性（高频采集）和准确性（设备不会作假）。

因此，对采集到的平台数据，主要从两个方面进行校验，分别是数据时延和准确性。

（1）数据时延　指设备（机器人、机床、PLC 等）数据发生变化时，同步到工业互联网平台上所需要的时间。数据时延过长会影响工业互联网平台对设备实时状态的判断结果，从而误导管理者对业务的判断，甚至会影响设备管理员错过对预警问题的处理。因此，所有数据都需要进行时延验证。

（2）数据准确性　根据数据类型和处理环节的不同，有不同的关注点。表 1-6-1 列举了不同类型的数据所需要验证的关注内容。总的来说分为 3 类，一是验证采集到的平台数据是否与设备现场的实时数据一致；二是验证一些需要计算的数据结果是否与实际所需的业务需求一致；三是计算数据验证结果是否与实际计算的结果一致。数据的准确性是数据的基本原则，不准确的数据不仅没有价值，反而容易造成损失，因此，所有数据都需要进行准确性校验。

表　1-6-1

验证内容	关注点
实时数据	1. 网关数据与平台显示是否一致，数值代表的业务含义是否正确（如 1 代表在线，2 代表待机） 2. 网关的数据与平台显示的数据是否一致，如模拟量数据的小数点后保留位数是否一致
计算数据	1. 字符串提取类，截取段是否为目标数据。例如，在平台中物模型的高级表达式中，设置了提取报警信息中的关键内容，以便对报警进行分类，如撞击报警、急停报警等 2. 平台上的属性运算结果与实际是否一致，如平台属性中计算出的焊丝用量与机器实际用量的对比，计算出的停机次数是否与实际一致等

1.6.3　任务实施

1. 配置网关数据转发到平台

（1）新建转发通道　要把工业网关的数据转发到平台上，需要先建立网关与工业互联网平台的数据通信链路，也就是创建转发通道。

1）打开"GBox 开发系统"软件，在"工程管理"窗口中选择"工业互联网工作站"节点下的"数据服务"，单击鼠标右键，在快捷菜单中选择"新建通道"，如图 1-6-2 所示。

2）在"通道"对话框中输入通道名称，可自定义，本例输入为"Rootcloud"，单击"规约"后的"…"按钮，如图 1-6-3 所示。

1.6-1　配置网关数据转发到平台

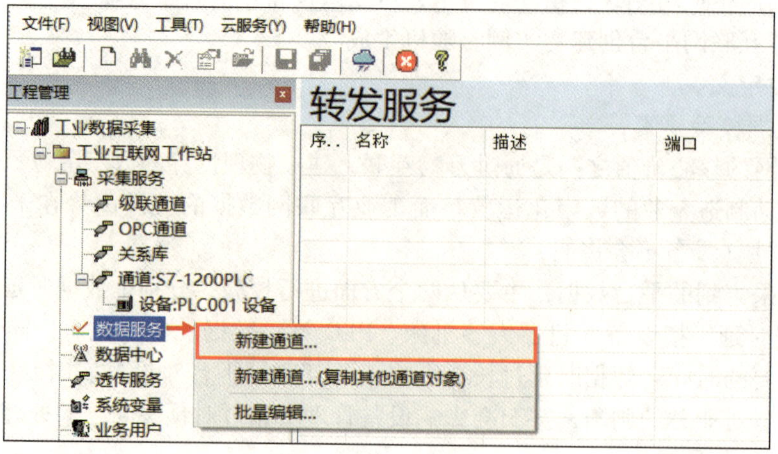

工业数据采集技术与应用

<!-- figure -->

图 1-6-2

<!-- figure -->

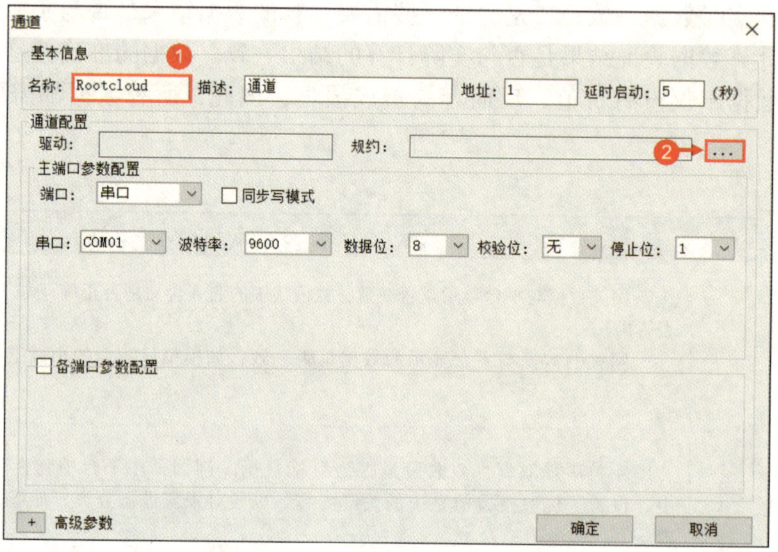

图 1-6-3

3）在"请选择驱动"对话框中，选择"系统成套"节点下的"根云 V4.0"，单击"确定"按钮，完成驱动的选择，如图 1-6-4 所示。

4）完成上一步骤的操作后，系统会自动跳转回"通道"对话框。此时，可以看到"通道配置"中的"驱动"和"规约"都已经自动填充。在本任务中，"端口"设置为"TCP 客户端"，"远程 IP"输入为"mqtt-broker.rootcloud.com"，"远程端口"输入为"1883"。转发根云平台的 IP 地址和远程端口是固定的，不可自定义。最后，单击"确定"按钮，完成通道创建，如图 1-6-5 所示。

（2）配置转发信息　本步骤主要是通过配置通道的认证标识和认证密钥，让工业网关采集数据的设备与工业互联网平台上的实例建立一一对应的映射关系。

1）选中创建好的"通道：Rootcloud"，打开"基本信息"选项卡。在当前页面中，单

80

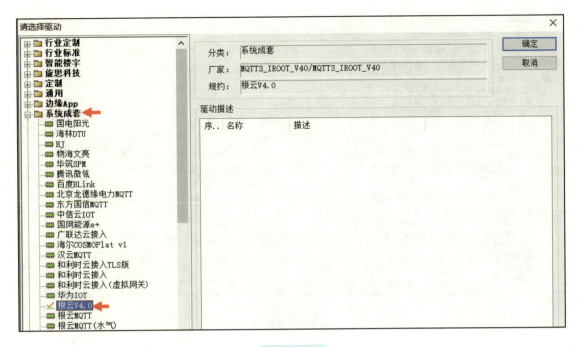

图 1-6-4

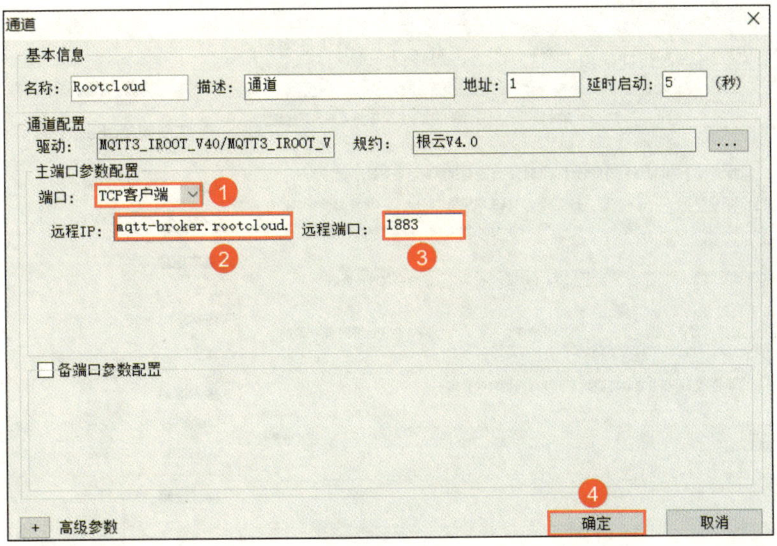

图 1-6-5

击"高级配置"按钮,如图1-6-6所示。

2)在"参数配置"对话框中,输入根云平台的服务器地址"mqtt-broker.rootcloud.com"和服务器端口"1883";"CliendID"和"用户名"输入为需要接入平台的物实例的认证标识;"密码"输入为认证密钥;本例使用的是任务1.5中创建的"工业网关GBox01"物实例的认证标识和认证密钥;最后,单击"确定"按钮,完成配置,如图1-6-7所示。

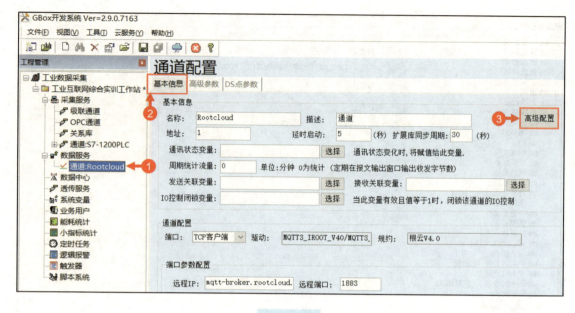

图 1-6-6

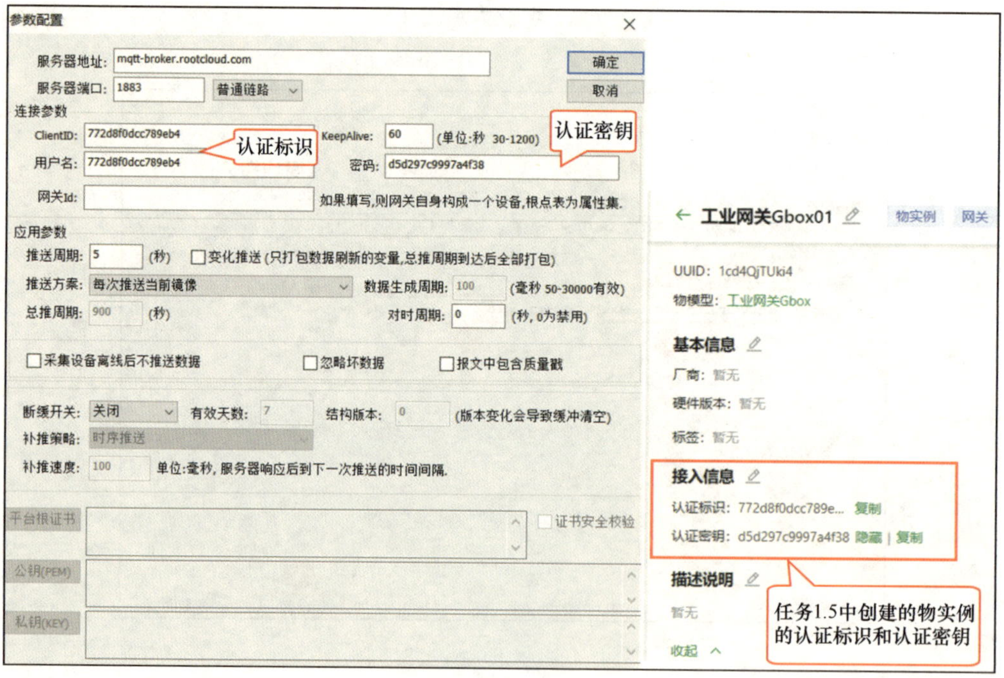

图 1-6-7

（3）配置 DS 点参数

1）切换到"DS 点参数"选项卡，选择"通道（根点表）"，单击鼠标右键，在快捷菜单中选择"新建虚拟设备"，如图 1-6-8 所示。

2）在弹出的"转发虚拟设备"对话框中，本例中的"名称"输入为"工业互联网工作站 PLC001"；"deviceId"输入为任务 1.5 中创建的物实例的通信标识。最后，单击"确

项目1 工业设备数据采集

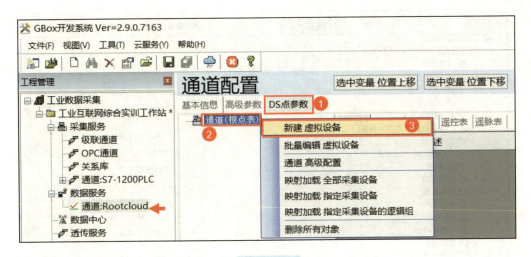

图 1-6-8

定"按钮,完成设置,如图 1-6-9 所示。

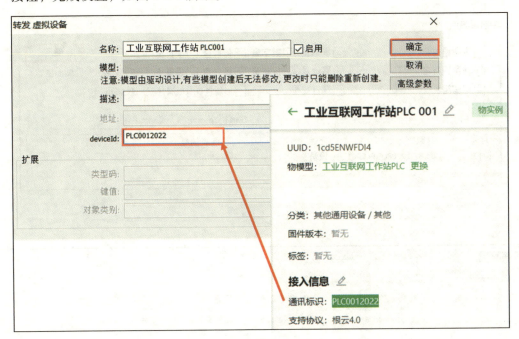

图 1-6-9

3)创建完成后,在灰色区域单击鼠标右键,选择快捷菜单中的"加载采集信息",如图 1-6-10 所示。

4)在弹出的"映射采集点"对话框中,按图 1-6-11 所示进行设置,只保留部分采集类型,勾选需要加载的采集设备。最后,单击"确定"按钮,完成加载后的页面如图 1-6-12 所示。

(4)更新网关工程 完成以上配置后,保存更新后的工程,并按照"1.4.3 任务实施"中下载工程的操作步骤,把更新后的工程下载到 GBox 网关硬件中。

83

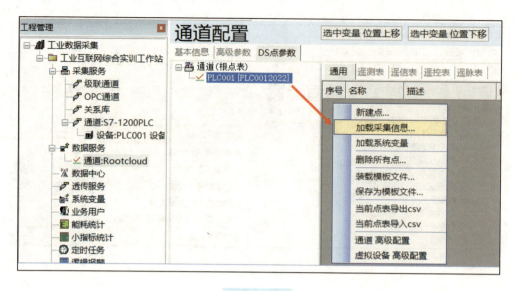

图 1-6-10

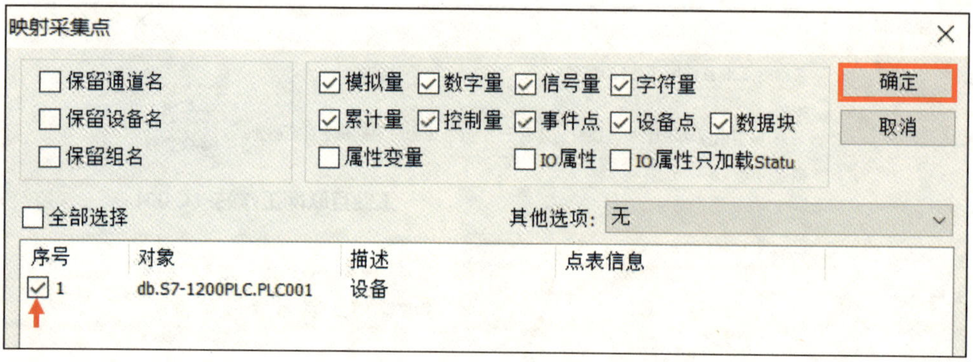

图 1-6-11

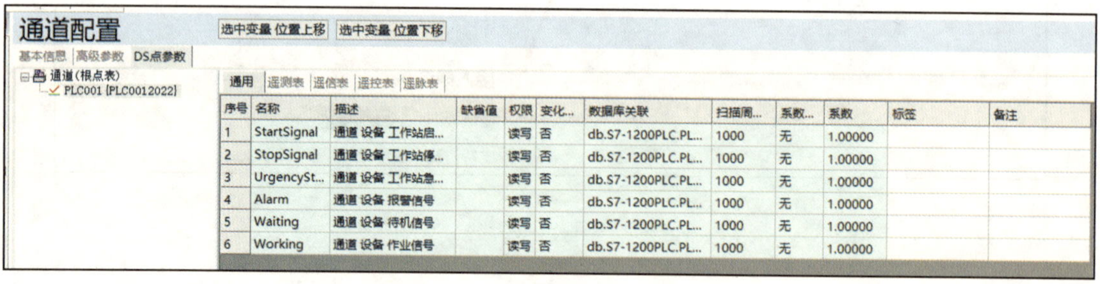

图 1-6-12

2. 校验根云平台物实例数据

（1）检查网关与平台通信　登录根云平台，打开"接入与建模"导航栏中的"物实例"节点；确保在 GBox 网关正常运行的状态下，检查物实例是否在线。

1）如果设备物实例在线，如图 1-6-13 所示，说明 GBox 网关能把数据转发到平台，整个链路"设备→网关→平台"的通信是正常状态。

项目1 工业设备数据采集

图 1-6-13

2）如果设备物实例离线，如图 1-6-14 所示，则需进一步检查网关物实例是否在线。如果网关物实例在线，如图 1-6-15 所示，则说明网关与平台通信正常，原因可能是设备到网关的链路断了，或是数据转发配置出现了问题。此种情况下，需要按照下面的顺序进行排查。

图 1-6-14

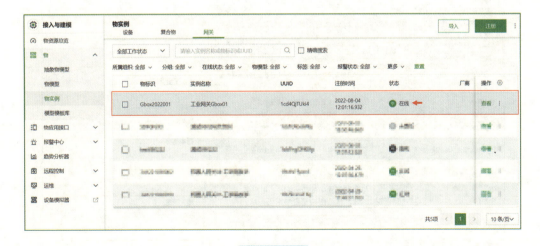

图 1-6-15

① 检查设备状态。本书任务连接的设备是 PLC，因此，应检查 PLC 与网关的网线是否松动或未连接；检查网关的网口 1 指示灯状态是否正常；PLC 是否正常启动。

85

② 检查转发配置。如果设备通信正常，则进一步检查根云平台上物实例的通信标识与转发虚拟设备的"deviceId"是否正确匹配，如图 1-6-16 所示。

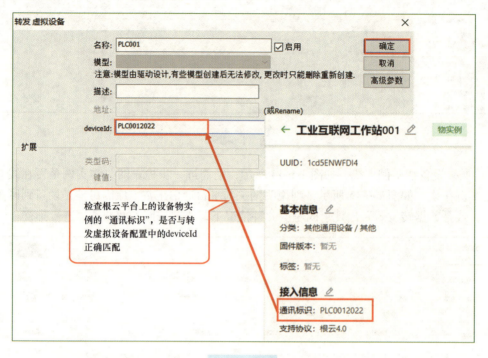

图　1-6-16

3）如果设备物实例和网关物实例都离线，则说明网关与平台通信出现问题。此情况下，需要检查根云平台上网关物实例的认证标识是否与 GBox 参数配置中的 Client ID、用户名一致；认证密钥是否与密码一致，如图 1-6-17 所示。

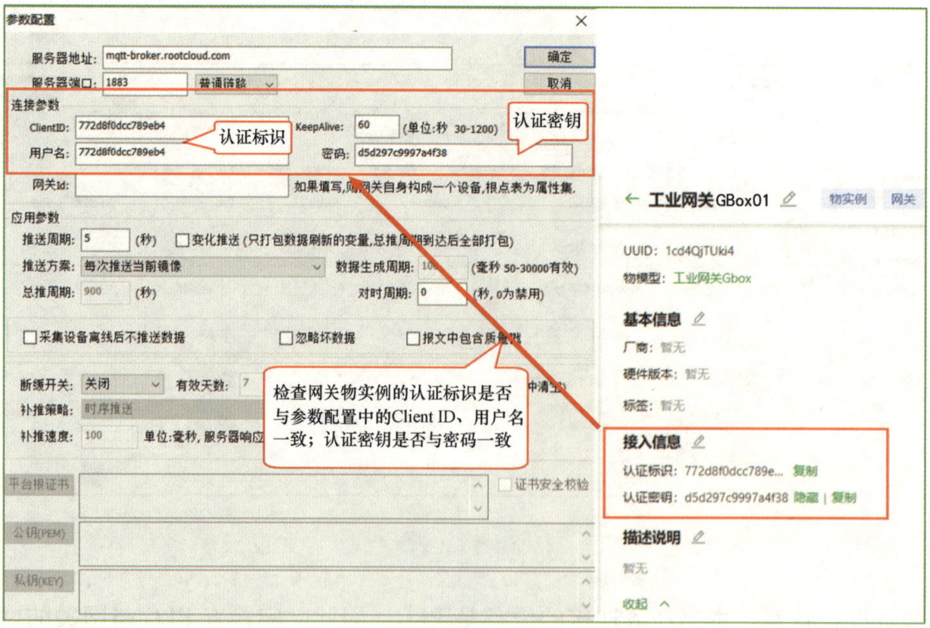

图　1-6-17

项目 1　工业设备数据采集

（2）验证平台物实例数据　若设备物实例在线，则打开设备物实例检查属性数据的上传情况。

1）如果属性中出现"N/A"符号，如图 1-6-18 所示，说明该属性对应的采集点没能上传数据。此情况下可排查以下故障原因。

图　1-6-18

① 属性配置的类型与采集点的数据类型是否匹配正确，例如，采集点数据类型是布尔型变量，属性的数据类型应为 Boolean 类型才能正确匹配，如果设置为 String 则会无法正常显示数据。

② 属性的连接变量是否填写正确，是否与采集 IO 点匹配，需要注意大小写也要匹配，如图 1-6-19 所示。

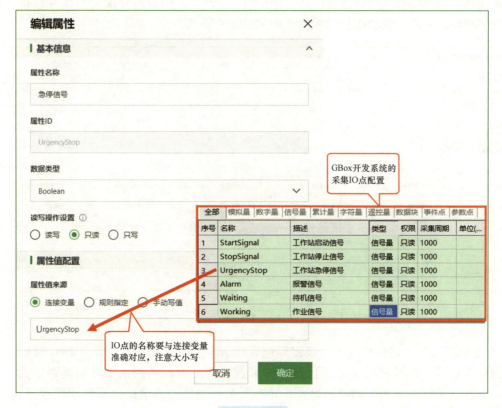

图　1-6-19

87

2）如果物实例所有的属性都能显示采集数据，则需进一步检查数据的准确性和时延情况，步骤如下。

① 提前准备好计时工具，在设备通电的情况下，按下设备启动按钮，如图1-6-20所示，并同时记录操作启动按钮的时间（计时时间间隔单位为s）。

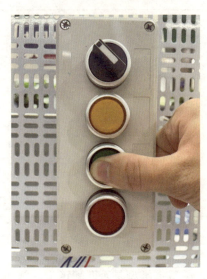

图 1-6-20

② 检查根云平台上物实例对应的启动信号，如果对应显示变为"true"，则表示该数据能正确上传，如图1-6-21所示。如果显示的不是"true"，则需检查配置的属性连接变量是否对应"StartSignal"，或者配置的采集点的地址是否正确。

图 1-6-21

③ 在数据变化准确的情况下，还需要记录根云平台上数据更新时间与操作时记录的时间的时间间隔，若时间间隔（时延）过大，可查看网关对设备的采集周期是否过大，或网关向平台推送数据的推送周期是否过大，并根据工业现场的需求修改采集周期或推送周期；

如果不是，应进一步检查网络连线情况，判断是否需要更换更快的通信介质进行外网通信，或减少中间数据中转过程。

在实际工业现场中，物实例的每个属性数据都需要一一检查，以确保网关上传到平台的数据准确有效。

1.6.4 思考与练习

1. **选择题**

（1）GBox 网关软件中的用户名需要填入的是？（　　）

A. 认证标识　　　　　　　　　B. 认证密钥
C. 物实例名称　　　　　　　　D. 物模型 ID

（2）为了保证采集数据的真实性和实时性，需要对采集到平台上的物实例数据进行（　　）。

A. 校验　　　　　　　　　　　B. 编码
C. 筛选　　　　　　　　　　　D. 梳理

（3）当网关与平台上的网关物实例具有相同的（　　）后，设备才能接入平台并上报数据。

A. 设备名称　　　　　　　　　B. 认证标识
C. 采集点　　　　　　　　　　D. 设备型号

2. **判断题**

（1）在同一个工业互联网平台中，一个物实例可以有多个认证标识和唯一的认证密钥。（　　）

（2）在工业互联网平台上校验数据时，只需要校验 1 个物实例属性数据没有问题，其他就不需要检查了，节省时间。（　　）

（3）如果根云平台上的物实例属性出现"N/A"的符号，说明该属性对应的采集点没能上传数据。（　　）

（4）GBox 网关软件中的密码需要输入的是认证标识。（　　）

3. **操作题**

请把验证根云平台物实例数据的几种情况进行总结，并按表 1-6-2 中的示例把梳理结果填入到表中。

表 1-6-2

现象	检查内容	验证结果
示例：设备物实例在线	无需检查	通信正常
示例：设备物实例离线	检查网关物实例是否在线	

项目 2
生产能源数据采集

项目2 生产能源数据采集

【项目背景】

每个月的月初,H 公司的总经理都要查看全公司上个月的数据报表。总经理发现第一分厂连续几个月的生产用电的费用支出呈现较明显的上升趋势,但其产量并没有明显增加。基于这个情况,总经理安排总经办调查根本原因并寻找解决方案。

总经办吴经理调取了第一分厂以往的耗能费用和生产数据,并与生产部王经理沟通后,又调研了其他工厂的情况,经过详细了解才发现公司各工厂的能源管理存在比较大的问题:

1)目前公司能源管理精细化程度不够,有限的统计不能管控到产线级、工序级、设备级的能源数据,无法统计尖峰平谷⊖不同用电时段的设备电耗,针对能源设备异常、耗能异常,无法做到及时提醒。

2)压缩空气、水、二氧化碳等的耗能也缺乏及时高效的管理方式,无法及时有效地统计用能状况。

⊖ 尖峰平谷是用户用电量时段的划分,每个时间段的计费不同,尖时间段是用电最高峰时期,也是电费价格最高的时段,一般在 19:00 至 22:00;峰时间段是用电高峰期,一般都是设在 8:00 至 11:00、15:00 至 19:00,这个时间段用电比较多,所以价格会比较高;平时间段一般都是 7:00 至 8:00、11:00 至 15:00、22:00 至 23:00,这个时间段用电量相对于峰时期会少一些,价格也会比峰时期低一些;谷时间段是用电低谷期,一般都是 23:00 到次日上午 7:00,这个时间段用电量最少,价格也是最低的;以上时间段在不同地区会有不同划分,列举仅供参考理解。

3）不同能源数据统计维度不一致，统计周期有差异，没办法精确评估用能情况，对节能评估预期有风险，且能源历史数据无法共享，存档乱。

了解到这些问题后，吴经理也同步对同类企业做了深入调研。最后，针对这些问题的解决办法，吴经理做了一个能源精细化管理改革的方案向总经理汇报。

方案中提到，公司要从根本解决能源管理粗糙的问题、解决降低产品单耗问题，需要对全公司的全品类能源实现从购入到消耗全业务链的能源管控及能源分析，各工厂针对电、水、油、气多品类能源进行实时工况采集及用量监测。

吴经理在汇报过程中向总经理展示了图 2-0-1 所示的在尖峰平谷的用电分析，图 2-0-2 所示的产品单耗的案例分析，并阐述了能源管理的优势。

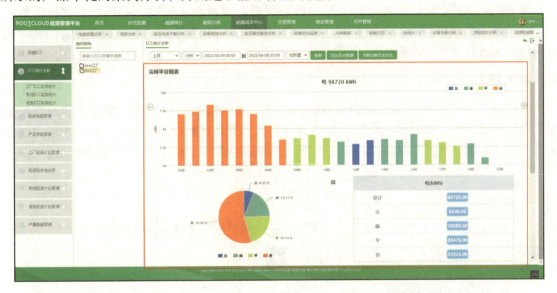

图 2-0-1

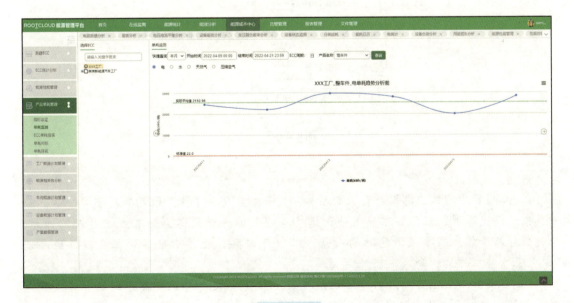

图 2-0-2

通过把能源数据采集并上传到平台,在平台进行能源数据处理分析,开发能源管理应用系统,可实现对能源数据的统一在线管理。这一方面可以实现各工程对能源使用安全的实时监测,保障安全稳定生产;另一方面,通过能源在各个工艺段的使用情况及数据分析,可实现对能源成本的精准计量,根据实际情况建立能源考核指标,帮助公司通过能源分析寻找节能空间,支撑管理节能和技术节能。

通过多维度系统数据分析,可实现主动型、精细型的能源管理,以便指出管理节能的方向,帮助改进用能习惯,建立长期、可持续化的能源管理体系,最终实现节能降耗,响应国家的双碳战略目标。

总经理同意使用吴经理提报的方案。之后,公司以招标形式来寻找合适的供应商,最终 R 公司中标。签订合同后,R 公司安排项目经理唐工带领的实施团队进行能源数据采集工作。这是整个能源管理的第一步工作,只有把能源数据采集到平台之后,数据开发团队才能对这些数据进行分析、计算和处理。

【学习规划】

基于 H 公司的能源管理细化到设备级的需求,本项目围绕采集工业设备的能源数据展开。在整个项目中,将介绍电能源采集仪表的安装调试及其软件配置技能、RS485 串口的知识及其接线技能、MQTT 协议的通信机制等。本项目的学习任务规划如图 2-0-3 所示。

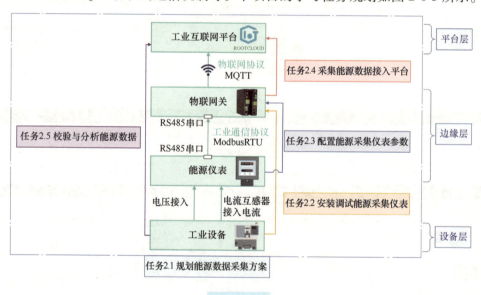

图 2-0-3

说明:

1) 本项目中的工业设备没有限定品牌、型号,且包含了执行机构和控制系统等。如果要用于规模培训或教学,可使用任何需要电能耗的教学设备,如工业机器人工作站、分拣工作站等作为需要采集能源的对象,本项目需要在软件中配置的工业设备统一以"工业互联网工作站"命名。

2) 在实际工业现场中,电能源采集仪表一般是安装在工业设备旁的配电箱或配电柜,如果生产车间有集中配电柜,则可安装在集中配电柜中。

任务 2.1 规划能源数据采集方案

2.1.1 任务说明

【任务描述】

R 公司的实施项目经理唐工带着现场实施工程师罗工和刚入职的小郑一起到 H 公司的第一分厂进行调研。在本任务中，他们需要调研现场的布局和需要接入设备的分布情况等，并根据搜集到的信息制定采集方案架构和网络规划。

【学习导图】

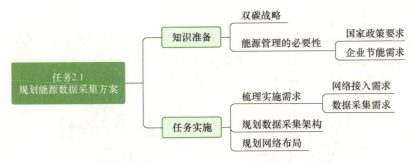

【任务目标】

知识目标
1）了解能源管理对企业的意义。
2）了解能源采集仪表的几种组网方式。
3）熟悉双碳战略的目标。
4）熟悉"碳达峰""碳中和"的含义。

技能目标
1）能根据现场实际情况梳理实施需求。
2）能根据现场实际情况规划采集方案架构。
3）能根据现场实际情况规划网络布局。

2.1.2 知识准备

1. 双碳战略

气候变化是人类面临的全球性问题，随着二氧化碳排放，温室气体猛增，对生命系统形成威胁。在这一背景下，世界各国以全球协约的方式减排温室气体，我国由此提出"碳达峰"和"碳中和"的目标。2020 年 9 月 22 日，国家主席习近平在第七十五届联合国大会一般性辩论上宣布，中国力争 2030 年前二氧化碳排放达到峰值，努力争取 2060 年前实现碳中和目标。

碳达峰（Peak Carbon Dioxide Emissions）是指在某一个时点，二氧化碳的排放不再增长，达到峰值，之后逐步回落，如图 2-1-1 所示。碳达峰是二氧化碳排放量由增转降的历史拐点，标志着碳排放与经济发展实现脱钩，达峰目标包括达峰年份和峰值。我国承诺 2030

年前，二氧化碳的排放不再增长，达到峰值之后逐步降低。

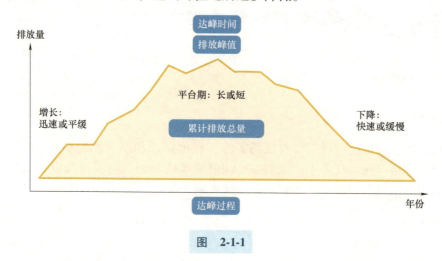

图 2-1-1

碳中和（carbon neutrality）是指企业、团体或个人测算在一定时间内直接或间接产生的温室气体排放总量，然后通过植树造林、节能减排等形式，抵消自身产生的二氧化碳排放量，实现二氧化碳"零排放"，如图 2-1-2 所示。"碳达峰"与"碳中和"一起，简称为"双碳"。

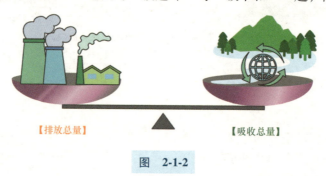

图 2-1-2

我国作为"世界工厂"，产业链日渐完善，国产制造加工能力与日俱增，同时碳排放量加速攀升。但我国油气资源相对匮乏，发展低碳经济，重塑能源体系具有重要安全意义。

首先，我们要在经济增长和能源需求增加的同时，持续削减煤炭发电，大力发展和运用风电、太阳能发电、水电、核电等非化石能源，实现清洁能源代替火力发电。其次，要加快产业低碳转型，促进服务业发展，强化节能管理，加强重点领域节能减排，优化能源消费结构，开展各领域低碳试点和行动。

2. 能源管理的必要性

（1）国家政策要求　2017 年 9 月，国家发展改革委、国家质检总局印发《重点用能单位能耗在线监测系统推广建设工作方案》，在方案中提到以物联网、云计算等技术为支撑，大力推动重点用能单位能耗在线监测系统（以下简称"监测系统"）建设，加快推进重点用能单位完善能源计量体系、提高能源管理精细化水平，促进互联网与节能工作深度融合，提高节能宏观调控能力，推动完成能源消费总量和强度"双控"目标任务。

2022 年 1 月，国务院印发《"十四五"节能减排综合工作方案》，明确到 2025 年，全国单位国内生产总值能源消耗比 2020 年下降 13.5%，能源消费总量得到合理控制，化学需氧量、氨氮、氮氧化物、挥发性有机物排放总量比 2020 年分别下降 8%、8%、10% 以上、

10%以上。节能减排政策机制更加健全,重点行业能源利用效率和主要污染物排放控制水平基本达到国际先进水平,经济社会发展绿色转型取得显著成效。

同时,我国实现"碳中和"目标的技术路径需要从供给端和需求端共同发力。一方面,含"碳"量高的化石能源——煤炭要面对供给侧改革,控制化石能源总量,提高利用效能,从化石能源转换为电能方面将需要继续提高效率;另一方面,在需求侧,依托技术改造对能源合理使用,有效节能减排是核心。

(2) 企业节能需求　近几年,中国工业企业面临两大挑战。一方面,企业的利润普遍呈下降趋势,企业在市场竞争中获取利润越来越难,据统计,工业品的利润率只有5%左右甚至更低;另一方面,随着能源阶梯价格机制的逐步形成,水、电、气等能源价格逐步走高,能源费用占企业总体成本的比例也随之提高,对于高能耗企业,能源成本占到工业品成本的20%甚至更高。

对于工业品平均5%的利润率,能源成本的管理水平甚至决定了企业的生存水平。如果不对能源成本进行精细化管理,企业搞不清自己的能源成本如何消耗、是否有效消耗,就更不清楚能源成本降低的改进方向。

而通过能源精细化管理,企业可以建立各个生产能耗指标,如各个工作中心能源管理离散度、单位产值能耗、单位产品/零部件能耗、最终产品能耗等,建立相应的模型后,可以细化指标并进行管理考核。图2-1-3所示是GB/T 39116—2020《智能制造能力成熟度模型》标准中,能源管理应在不同阶段达到的水平。

能力子域	一级	二级	三级	四级	五级
能源管理	应建立企业能源管理制度,开展主要能源的数据采集和计量	1) 应通过信息技术手段,对主要能源的产生、消耗点开展数据采集和计量; 2) 应建立水、电、气等重点能源消耗的动态监控和计量; 3) 应实现重点高耗能设备、系统等的动态运行监控; 4) 应对有节能优化需求的设备开展实时计量,并基于计量结果进行节能改造	1) 应对高能耗设备能耗数据进行统计与分析,制定合理的能耗评价指标; 2) 应建立能源管理信息系统,对能源输送、存储、转化、使用等各环节进行全面监控,进行能源使用和生产活动匹配,并实现能源调度; 3) 应实现能源数据与其他系统数据共享,为业务管理系统和决策支持系统提供能源数据	1) 应建立节能模型,实现能源的精细化和可视化管理; 2) 应根据能效评估结果及时对空气压缩机、锅炉、工业窑炉等高耗能设备进行技术改造和更新	应实现能源的动态预测和平衡,并指导生产

图 2-1-3

企业对能源管理颗粒度从车间级细化到工序级、设备级后,问题出现后可追溯和排查的数据更加完善。例如,同样的生产工序或者设备,相同产量下,如果能耗相差数倍,可以通过更全面的数据进行追溯调查,查清到底是因为工人在生产中操作相对比较随意,导致生产同一件产品时有的工时短,有的工时长;还是因为设备使用不合理,待机时间过长,导致非有效生产时间长而产生能源浪费。查清原因后,可根据不同的原因制定相应的解决办法,如图2-1-4所示。

因此,企业对能源进行精细化管理,从能耗数据来进一步分析制定节能减排的有效措施,除了是应对全球气候变化的迫切需要,是企业应该承担的责任之外,更是企业对压缩能源费用、提高利润的生存发展需求。

2.1.3　任务实施

1. 梳理实施需求

经过对H公司总部及其第一分厂进行调研,对于实施工作有如下需求。

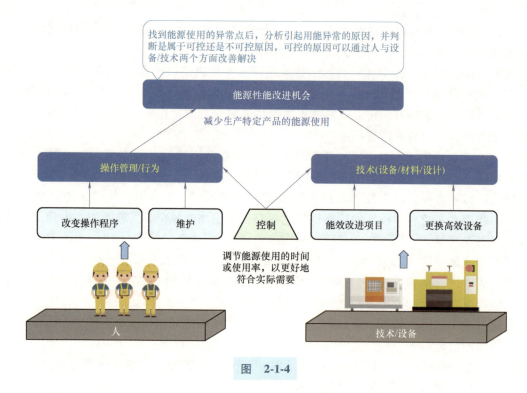

图 2-1-4

(1) 网络接入需求

1) 总公司可以对接收到的各工厂的生产数据进行订阅、过滤、存储、处理、汇聚、挖掘等操作。

2) 部署在工厂信息机房的数据采集服务器、接口服务器、数据传输服务器等,可以实现对各工厂进行数据采集,并向总公司传输数据。

3) 在工厂信息机房设有公司核心交换机,将各车间交换机通过冗余光纤网络接入工厂的核心交换机上。

4) 需要在厂房弱电间网络柜内设置一台汇集交换机,厂房内的各工作中心交换机通过冗余光纤网络接入到设在厂房的汇集交换机上。

5) 在各工作中心设置一台接入交换机,并将工作中心的采集网关接入到交换机上。

(2) 数据采集需求

1) 配电室。需要对工厂配电室的仪表中的能源数据进行采集。

2) 厂房内的电力仪表。对厂房内现有的电力仪表进行能源数据采集,电能源采集颗粒度从车间级细化到设备级,每个用电的生产工作站都加装智能电表进行数据采集及监控。

3) 工厂园区水、气仪表。这些水、气能源在园区内比较分散,都需要加装新的流量仪表进行数据采集。

2. 规划数据采集架构

根据调研需求,规划的数据采集架构如图 2-1-5 所示。采集接入方案说明如下。

(1) 配电室部分 采用 RS485 串联仪表,汇聚至物联网关完成数据采集。

(2) 厂房内电力仪表

1) 新装仪表就近有物联网关的,采用 RS485 有线方式把仪表接入物联网关,完成数据采集。

2) 新装仪表就近无物联网关的,采用具有 4G 通信功能的物联仪表采集,通过 4G 网络

项目 2 生产能源数据采集

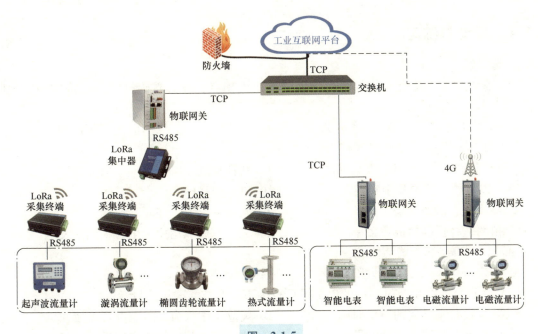

图 2-1-5

把仪表数据直接上传到工业互联网平台。

（3）工厂园区内水、气仪表

由于仪表分散，把流量仪表通过 RS485 接入 LoRa 无线模块，LoRa 无线模块把数据转发到 LoRa 集中器，由集中器通过物联网关转发到工业互联网平台。

3. 规划网络布局

根据调研需求，规划的网络拓扑图如图 2-1-6 所示。

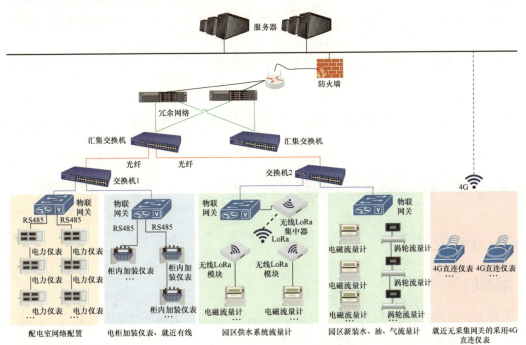

图 2-1-6

2.1.4 思考与练习

1. 选择题

（1）碳达峰是二氧化碳排放量由增转降的历史拐点，标志着碳排放与经济发展实现脱钩，达峰目标包括（　　）。
　　A. 国家 GDP　　　　B. 达峰年份　　　　C. 峰值　　　　D. 达峰年份和峰值

（2）下列哪些不属于碳排放行为。（　　）
　　A. 燃煤发电　　　　B. 汽车燃油　　　　C. 秸秆焚烧　　　　D. 风力发电

（3）以下哪一项不利于实现"碳达峰、碳中和"的目标。（　　）
　　A. 减少化石能源消费　　　　　　　　B. 办公室没人，却开着空调
　　C. 植树造林提高植被覆盖率　　　　　D. 大力发展和运用风电、太阳能发电

（4）以下哪些属于清洁能源？（　　）
　　A. 煤炭　　　　B. 太阳能　　　　C. 水能　　　　D. 风能

（5）制造企业在生产过程中的以下哪项行为不符合节能减排的目标？（　　）
　　A. 减少设备不必要的待机时间　　　　B. 规范操作行为，避免设备无效开机
　　C. 使用能源利用效率低的设备　　　　D. 使用能源利用效率高的设备

2. 判断题

（1）碳达峰是指在某一个时点，二氧化碳的排放不再增长，达到峰值，之后保持在这一个峰值不变。（　　）

（2）企业节约能源可以降低企业的成本，从而提高利润。（　　）

（3）碳中和是指企业、团体或个人测算在一定时间内直接或间接产生的温室气体排放总量，然后通过植树造林、节能减排等形式，抵消自身产生的二氧化碳排放量，实现二氧化碳"零排放"。（　　）

（4）我国实现"碳中和"目标的技术路径只需要从供给端进行控制和提高利用效能。（　　）

（5）节能减排是企业应该承担的责任，更是企业对压缩能源费用、提高利润的生存发展需求。（　　）

3. 操作题

请观察周围有局域网络的室内场地，如教室、办公室、培训室等，画出其网络布局示意图。

任务 2.2　安装调试能源采集仪表

2.2.1 任务说明

【任务描述】

采集方案得到甲方确认后，唐工安排小郑负责厂房内的电能源采集仪表的安装任务，首先安装的是就近有物联网关的电能源采集仪表。

在本任务中，小郑需要制作信号线端子和电源线，根据接线原理图把 220V 的供电电源

接入能源采集仪表,完成输入电流和输入电压的接线;同时需要把电能源仪表与物联网关通过 RS485 接口进行连接,全部接线完成后,需要对安装好的电能源采集仪表进行通电测试,检验安装是否正确。

【学习导图】

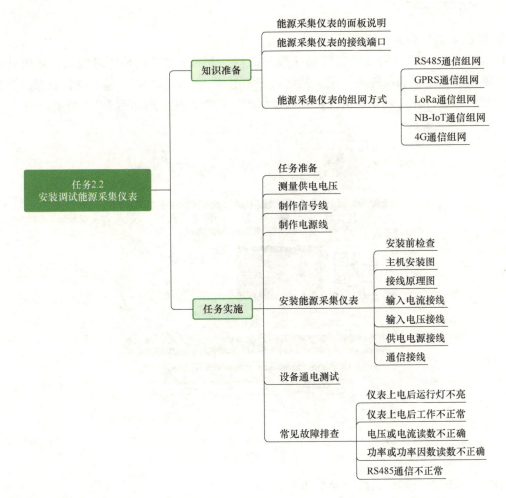

【任务目标】

知识目标

1) 了解电能源采集仪表的外观结构。

2) 了解电能源采集仪表的各种组网方式。

3) 熟悉电能源采集仪表的接口。

4) 熟悉电能源采集仪表的 RS485 组网方式。

技能目标

1) 能根据任务要求准备劳保用品和工具。

2) 能使用万用表测量供电电压。

3) 能制作信号线端口、电源线。

4) 能理解接线原理图、安装图。

5）能正确完成电能源采集仪表输入电压、电流的接线。

6）能正确完成电能源采集仪表的供电电源接线。

7）能正确完成能源采集仪表的通信接线。

8）能进行能源采集仪表的通电测试。

2.2.2 知识准备

1. 能源采集仪表的面板说明

RootBand-Pro（Z）智能采集终端（以下简称"根云小匠"）是针对能源管理所开发的一款智能电力监控仪表，能够提供高精度的三相电压、电流和功率等基本测量数据，并具有分时计费、需量计算、剩余电流保护及温度保护等功能，其外观如图 2-2-1 所示。

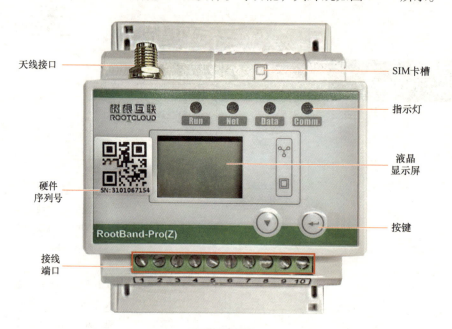

图 2-2-1

根云小匠的外观部件的功能介绍如下。

（1）天线接口　使用无线网时，安装对应的天线以增强信号。

（2）硬件序列号　每个硬件出厂唯一的编号。

（3）接线端口　用于实现电气连接。

（4）SIM 卡槽　用 4G 联网方式时，放置 SIM 卡的位置。

（5）指示灯　指示灯对应的说明见表 2-2-1。

表 2-2-1

指示灯	说明
Run	运行状态指示灯。正常运行状态下，Run 指示灯每隔 1s 亮一次，持续时间为 1s
Net	装置的微功率无线/LoRa 模块接收到数据时闪烁
Data	无线通信数据指示灯，装置的无线模块对外发送数据时，该灯会闪烁
Comm.	RS485 通信指示灯，当装置通过 RS485 通信进行数据传输时，该灯会闪烁

（6）液晶显示屏　根云小匠可通过液晶显示屏查看实时数据，默认页面显示正向有功电能。其他显示内容可查看附录 D。

（7）按键　按键说明见表 2-2-2。

表　2-2-2

按键		按键说明
▼	短按	切换显示数据的组别（实时数据、参数查询）/输入密码/修改设置参数
	长按	退出设置新密码页面
↵	短按	确认参数
	长按	进入/退出参数整定页面

2. 能源采集仪表的接线端口

根云小匠的接线端口如图 2-2-2 所示，说明见表 2-2-3。

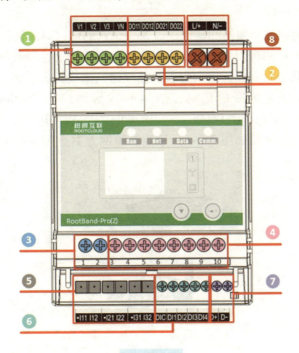

图　2-2-2

表　2-2-3

序号	端子号	端口数量	输入/输出	端子定义
①	V1，V2，V3，VN	4	输入	电压端口
②	DO11，DO12，DO21，DO22	4	输出	继电器输出端口
③	1，2（·Ir，Ir-）	2	输入	剩余电流端口
④	3~10（TC1~TC4）	8	输入	测温端口
⑤	I11，I12，I21，I22，I31，I32	6	输入	电流端口
⑥	DIC，DI1，DI2，DI3，DI4	5	输入	开关量输入端口
⑦	D+，D-	—	—	RS485 通信端口
⑧	L/+，N/-	—	—	电源端口

3. 能源采集仪表的组网方式

根云小匠可以通过有线或者无线方式进行组网。

以有线方式进行组网时，通过根云小匠的 RS485 通信接口接入物联网关，由物联网关把数据转发到工业互联网平台或其他采集服务器。

以无线方式进行组网时，则支持 4 种无线通信方式：GPRS 无线通信、LoRa 通信、NB-IoT 通信、4G 通信。这些通信方式在选型时根据实际需求进行选择。通过根云小匠对应的无线通信模块，可以实现这些无线通信方式，直接把数据转发到工业互联网平台或者其他采集服务器。无线方式组网免去了接线，可以减少现场布线成本，降低施工成本，但是对环境的无线信号稳定性要求会更高。

（1）RS485 通信组网　在仪表选型时首要考虑的是具有什么联网通信接口。初期的仪表输出的是数据模拟信号，可以输出简单过程量；后来的仪表接口改用 RS232 接口，这种接口可以实现点对点的通信方式，但这种方式不能实现多个设备同时联网，现在使用的 RS485 接口解决了这个问题。

RS485 代表通信的物理介质层和链路层，是一个对通信接口的硬件描述。它只需要两根通信线，即可以在两台或两台以上的设备之间进行数据传输。这种数据传输的连接是半双工的通信方式，在具体某个时间点，一台设备只能发送数据或接收数据。

根云小匠采用 RS485 接口通信时，使用的通信协议为 Modbus-RTU，波特率可选 1200bit/s、2400bit/s、4800bit/s、9600bit/s、19200bit/s、38400bit/s，奇偶校验位和停止位都可以进行设置，其组网示意如图 2-2-3 所示。该组网方案适用于集中安装场所，如工厂内部、大型商场等。

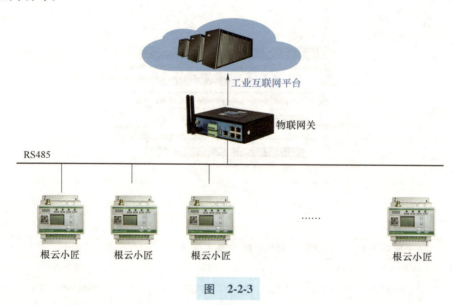

图 2-2-3

（2）GPRS 通信组网　GPRS 是一种基于 GSM 系统的无线分组交换技术，提供端到端的、广域的无线 IP 连接。它经常被描述成"2.5G"，也就是说这项技术位于第二代（2G）和第三代（3G）移动通信技术之间。它通过利用 GSM 网络中未使用的 TDMA 信道，提供中速的数据传递。最初有人想通过扩展 GPRS 来覆盖其他标准，只是这些网络都正在转而使用 GSM 标准，这就使 GSM 成了 GPRS 唯一能够使用的网络。

根云小匠 GPRS 信道的工作方式为客户端方式，其通过 GPRS 信道与远端服务器建立连接后进行通信，工作模式为永久在线模式，在此模式下，只要通电后模块检测到 GSM 网络状态正常，即向主站发起数据连接。只要连接建立，模块将一直工作于数据交换状态，其组网方式如图 2-2-4 所示。该组网方案适用于分散、距离较远且数据实时性较强的场合。

图 2-2-4

（3）LoRa 通信组网　LoRa 是 Semtech 公司开发的一种低功耗局域网无线标准，其最大的特点就是在同样的功耗条件下比其他无线网络传播的距离更远，实现了低功耗和远距离的统一。在同样的功耗下，它比传统的无线射频通信距离扩大了 3~5 倍。

根云小匠使用的 LoRa 通信是 470~510MHz 无线电计量仪表使用的频段，通过设置参数可使用透传功能，在该工作模式下，装置可将 LoRa 接收到的报文转发至 RS485 接口；也可以将 RS485 接收到的报文转发至 LoRa 接口。其组网方式如图 2-2-5 所示。该组网方案适用于分散安装的环境场景，如商业区、工业园区等场所。

图 2-2-5

（4）NB-IoT 通信组网　NB-IoT 是一种利用移动基站进行通信的窄带低功耗广域网络技术。它使用了授权的频段，可直接部署于现有的移动通信网络上，需要运营商提供服务和支持。

根云小匠的 NB-IoT 通信的工作链接使用 UDP（用户数据报协议）链接，装置通过 NB-IoT 信道向指定的服务器和端口发送 UDP 链接的数据，并且可以接收服务器发送的请求命令，其组网方式如图 2-2-6 所示。该组网方案适用于低功耗的、广域范围的、传输数据量小且更新频率不高的物联网设备，如水表、气表、路灯、停车、共享单车、物流集装箱、空气监测仪等各种户外场景。

图 2-2-6

（5）4G 通信组网　4G 通信技术是在 3G 技术上的一次改良，其相较于 3G 通信技术一个更大的优势是将 WLAN 技术和 3G 通信技术进行了很好地结合，使图像的传输速度更快，让传输图像的质量更好。在智能通信设备中应用 4G 通信技术让用户的上网更加迅速，其速度高达 100Mbit/s。

根云小匠的 4G 信道的工作方式为客户端方式，装置通过 4G 信道与远端服务器建立连接后进行通信。其 4G 通信模块的工作模式为永久在线模式，只要通电后模块检测到 LTE 网络状态正常，即向主站发起数据连接。只要连接建立，模块将一直工作于数据交换状态。4G 通信组网方式如图 2-2-7 所示。该组网方案适用于不方便布线、网络稳定且数据传输量不是非常大的场景。

图 2-2-7

2.2.3 任务实施

1. 任务准备

本任务采用的工具及劳保用具可参考"1.3.3 任务实施"。

2. 测量供电电压

戴好低压绝缘手套，万用表设置为"测量交流电压"，量程调至 600V 交流电档位，打开供电电源开关；找准交流电压正负极位置，使用测量笔（黑色笔测负极，红色笔测正极），测量电源电压是否与智能电表的工作电压相符（本例使用根云小匠 Root-Band-Pro（Z）智能电表，以下简称根云小匠，其工作电压是 220V 交流电），如图 2-2-8 所示，图中的电压值在电压允许偏差范围内（10%以内均合理）。

如果供电电源的电压与智能电表参数电压相符，可进行下一步操作；若不符，则需重新选择 220V 的供电电源。

图 2-2-8

3. 制作信号线

按照任务 1.3 中"制作电源线端子"的操作步骤制作信号线，并分别接入根云小匠的信号端子口，制作完成后的信号线端子如图 2-2-9a 所示。

由于本任务需要使用上位机（计算机）对根云小匠进行配置调试，因此信号线另一端需接入 RS485/USB 转换器以便调试，制作完成后的信号线如图 2-2-9b 所示。

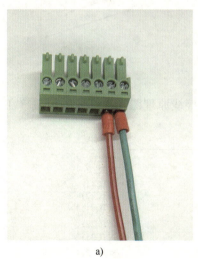
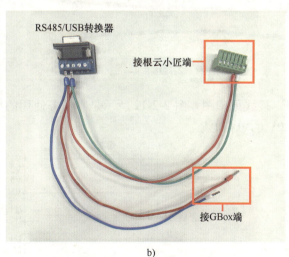

a)　　　　　　　　　　　b)

图 2-2-9

> **说明：** 信号线长度需要根据现场需要的接线长度进行裁剪。

4. 制作电源线

本任务需要制作电源线，制作步骤参考任务 1.3 中"制作电源线端子"的操作步骤，制作数量和电源线长度需根据现场实际情况确定。制作好的电源线如图 2-2-10 所示。

5. 安装能源采集仪表

（1）安装前检查

1）安装前应进行通电检查，以保障根云小匠的可靠性和性能满足设计要求。

2）安装前检查安装地点、环境负荷是否符合要求，周围应无振动和易燃易爆物品，无腐蚀性气体等。

3）安装点的温度和湿度不应超过根云小匠规定的工作温度和湿度范围。

4）检查安装位置，应使检修方便，有足够的空间放置有关的线、端子排等必要的设备。

5）关闭设备电源。

（2）主机安装图　根云小匠主机采用 35mm 标准导轨式安装，如图 2-2-11 所示。

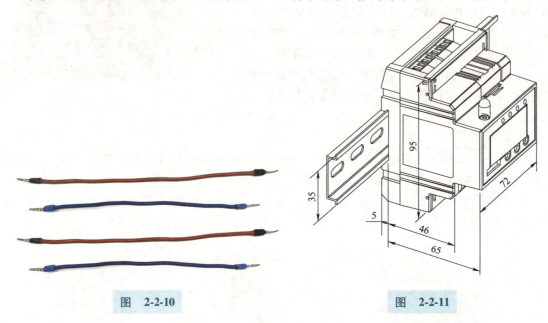

图 2-2-10　　　　　　　　　　图 2-2-11

（3）接线原理图　图 2-2-12 所示是本任务使用的接线原理图，本任务的负载（工作站）使用 220V 的单相电压。

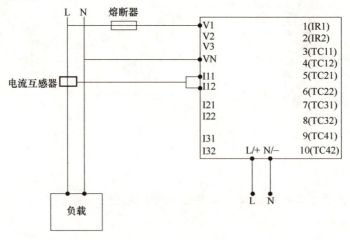

图 2-2-12

（4）输入电流接线　本任务中采集能源数据的工作站的工作电压为 220V 的单相电压，因此需要采集单相电流。采集单相电流数据使用的是 5A 的开口电流互感器，其安装图如图 2-2-13 所示。

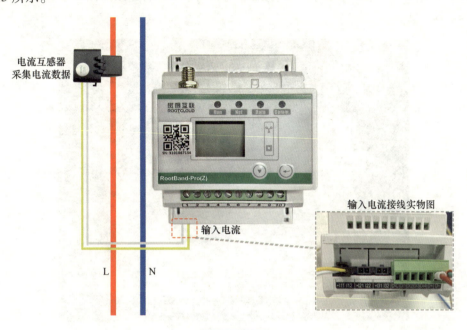

图　2-2-13

（5）输入电压接线　根云小匠可以直接接入 220V/380V 交流电的星形系统。如果被监测系统的电压高于 220V/380V，则需要使用电压互感器（简称为 PT）把电压按比例降到装置允许的输入范围内。

本任务中的输入电压为 220V，无须电压互感器，实物接线图如图 2-2-14 所示。

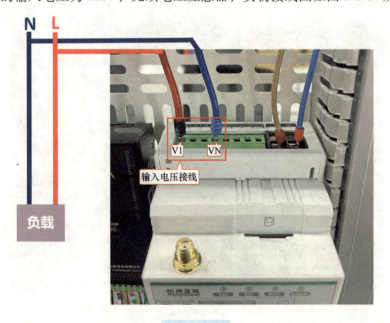

图　2-2-14

（6）供电电源接线　用交流电给根云小匠供电时，相线接 L/+端，中性线接 N/-端，如图 2-2-15 所示。用直流电给根云小匠供电时，电源端子接线不需要区分正负极。

本任务使用 220V 交流电源给根云小匠供电，将 220V 电源按照图 2-2-16 所示正确地连接到 L/+、N/-处。

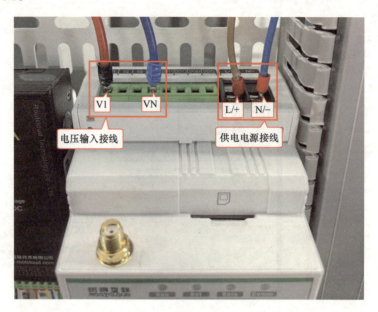

图　2-2-15

供电电源接入根云小匠的电源线端子后，需要检查线端子是否有短路情况。将万用表调至蜂鸣档，在无任何负载的情况（生产设备不通电）下，使用红、黑测量笔测量正、负电源线端子，如图 2-2-16 所示。若万用表蜂鸣器响，说明两个端子之间有短路，需要检查并重新接入，之后再次检查；若万用表蜂鸣器不响且无数值，说明无问题，可执行后续操作。

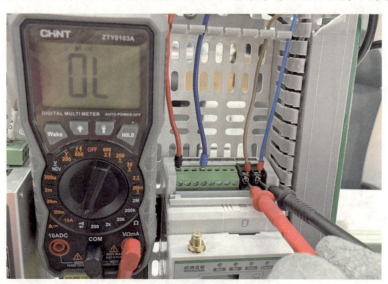

图　2-2-16

（7）通信接线

1）通信电缆可以采用普通的两芯屏蔽电缆，长度根据实际需要裁剪，但总长度不宜超过 1200m，各设备的 RS485 接口正负极必须连接正确，电缆屏蔽层一端接地。如果两芯屏蔽电缆较长，建议在其末端接一个约 120Ω 的电阻以提高通信的可靠性。通信接线如图 2-2-17 所示。

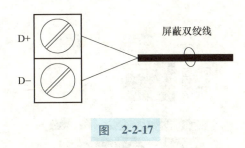

图 2-2-17

2）本任务需要通过 RS485/USB 转换器与上位机连接以便调试，通信线接线示意如图 2-2-18 所示。

需要注意的是，根云小匠的 D+接口需要对应转换器的 T/R+接口和 GBox 上的 A1 接口；D-接口对应转换器的 T/R-接口和 GBox 上的 B1 接口。

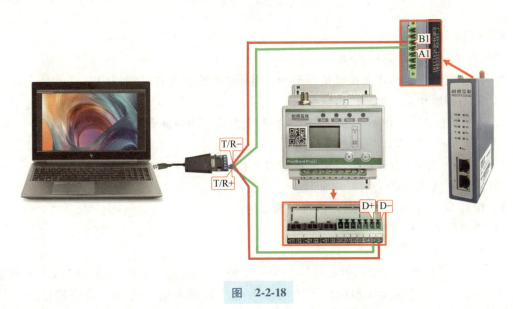

图 2-2-18

> 说明：如果需要拓展物联网关端口，可以将物联网关的 A1、B1 端口外接至接线端子中进行转接。

6. 设备通电测试

1）在给根云小匠通电测试之前，需要检查电源线连接是否正确、电表供电电源是否为 220V 交流电。以下操作步骤请在佩戴绝缘手套后进行。

2）打开外部电源，为根云小匠供电。

3）根云小匠通电后，如果连接正常，则 Run 指示灯每隔 1s 亮一次，持续时间为 1s；

RS485 通信正常时，Comm 灯会闪烁，否则需要根据前面的步骤排查问题。连接正常时的实物图如图 2-2-19 所示。测试没有问题之后，根云小匠安装调试任务完成。

图 2-2-19

7. 常见故障排查

（1）仪表上电后运行灯不亮

1）检查电源电压和其他接线是否正确，电源电压应在工作范围以内。

2）关闭装置和上位机，再重新开机。

（2）仪表上电后工作不正常　关闭装置和上位机，再重新开机。

（3）电压或电流读数不正确

1）检查接线模式设置是否与实际接线方式相符。

2）检查电流互感器（CT）电流比是否设置正确。

3）检查 GND（电线接地端）是否正确接地。

4）检查屏蔽线是否接地。

5）检查电流互感器（CT）是否完好。

（4）功率或功率因数读数不正确　如果功率或功率因数读数不正确，但电压和电流读数正确，则需对比实际接线和接线图中的输入电压和输入电流接线，检查相位关系是否正确。

（5）RS485 通信不正常

1）检查上位机的通信波特率、ID 和通信规约设置是否与装置一致。

2）检查数据位、停止位、校验位的设置和上位机是否一致。

3）检查 RS232/RS485 转换器是否正常。

4）检查整个通信网线路有无问题（短路、断路、电线接地端和屏蔽线是否正确单端接地等）。

5）关闭装置和上位机，再重新开机。

6）如果通信线路长，建议在通信线路的末端并联 100~200Ω 的匹配电阻。

2.2.4 思考与练习

1. 选择题

(1) 以下哪种方式为有线组网方式。(　　)
A. LoRa 通信组网　　　　　　　B. RS485 通信组网
C. NB-IoT 通信组网　　　　　　D. GPRS 通信组网

(2) (　　) 是一种利用移动基站进行通信的窄带低功耗广域网络技术。
A. LoRa　　　　　　　　　　　B. RS485
C. NB-IoT　　　　　　　　　　D. GPRS

(3) 安装根云小匠之前,不需要检查以下哪一项?(　　)
A. 安装前应进行通电检查,以保障根云小匠的可靠性和性能满足设计要求
B. 安装前检查安装地点周围,确定无振动物品、易燃易爆物品以及腐蚀性气体等
C. 检查安装地点是否有人员巡逻
D. 检查安装位置,应使检修方便,有足够的空间放置有关的线、端子排等必要的设备

(4) 根云小匠的电压或电流读数不正确,可以通过检查以下哪些来排查?(　　)(多选)
A. 检查 GND 是否正确接地
B. 检查电流互感器(CT)是否完好
C. 检查接线模式设置是否与实际接线方式相符
D. 检查电流互感器电流比是否设置正确
E. 检查网络是否稳定

2. 判断题

(1) LoRa 是一种低功耗局域网无线标准,其最大的特点就是在同样的功耗条件下比其他无线网传播的距离更远。(　　)

(2) RS485 是半双工的通信方式,在具体某个时间点,一台设备只能发送数据或接收数据。(　　)

(3) NB-IoT 适用于低功耗的、广域范围的、传输数据量小且更新频率不高的物联网设备。(　　)

(4) 用交流电给根云小匠供电时,中性线接 L/+端,相线接 N/-端。(　　)

3. 思考题

如果安装能源采集仪表根云小匠后,其 RS485 通信不正常,需要检查什么内容?

任务 2.3　配置能源采集仪表参数

2.3.1 任务说明

【任务描述】

在小郑完成了能源采集仪表的安装之后,需要对能源采集仪表进行配置。在本任务中,

小郑对能源采集仪表进行配置前,需要安装对应的串口驱动、配置软件以及软件的协议版本,待能源采集仪表接入计算机后,需要在线对其通信参数进行配置,并检查能源采集仪表的实时数据是否与输入的电压和电流相符。

【学习导图】

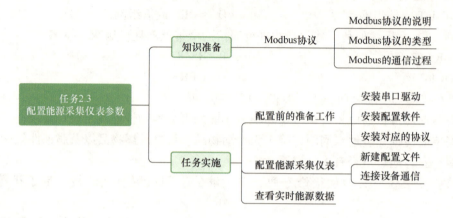

【任务目标】

知识目标

1) 了解 Modbus 协议的起源和应用。
2) 了解 Modbus 的帧结构。
3) 熟悉 Modbus 协议的 3 种类型。
4) 熟悉 Modbus 协议的通信过程。

技能目标

1) 能正确安装串口驱动。
2) 能正确安装能源采集仪表的配置软件。
3) 能把能源采集仪表接入计算机进行配置。
4) 能在能源采集软件中新建配置文件并连接能源采集仪表。
5) 会在能源采集软件中查看实时数据。

2.3.2 知识准备

Modbus 协议

(1) Modbus 协议的说明 Modbus 是 Modicon 公司[已被施耐德电气(Schneider Electric)收购]于 1979 年为使用 PLC 通信而发表的通信协议,是第一个真正用于工业现场的总线协议,目前已经成为工业领域通信协议的业界标准,是工业电子设备之间常用的连接方式。

Modbus 定义了控制器能够认识和使用的消息结构,不管它们是经过何种网络进行通信的,均支持传统的 RS232、RS422、RS485 和以太网设备电气接口。许多工业设备,包括 PLC、DCS(分布式控制系统)、智能仪表等都在使用 Modbus 协议作为它们之间的通信标准。有了它,不同厂商生产的控制设备可以连成工业网络,进行集中监控。Modbus 协议被工业领域所广泛接受的原因是它具备以下优点。

1）公开发表并且无版权要求。

2）易于部署和维护，可靠性好。

3）支持多种电气接口，如 RS485、RS232 等；还可以在多种介质上传输，如双绞线、光纤等。

4）帧格式简单、通俗易懂、便于开发。

但 Modbus 协议也有局限性，主要包括只有"主/从"方式通信，组网能力差；从属控制器数量限制了网络规模，导致网络规模有限；无认证、无权限管理，导致安全性差，明文传输使得它在非受控环境下是有风险的。

（2）Modbus 协议的类型　Modbus 可以在多种介质上传输，其传输模式分为三种，包括 ASCII、RTU、TCP 三种报文类型。Modbus-RTU 和 Modbus-ASCII 协议是基于串行链路的，其物理层可以是 RS232 或者 RS485；而 Modbus-TCP 的物理层是以太网，如图 2-3-1 所示。

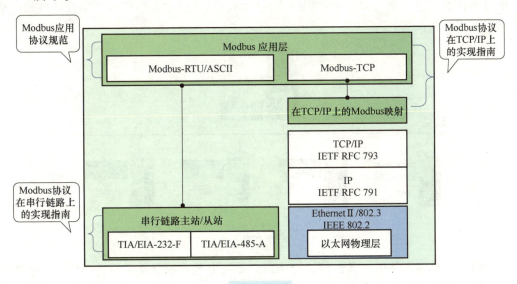

图 2-3-1

1）基于串口的 Modbus-RTU，数据按照标准串口协议进行编码，是目前使用最广泛的一种 Modbus 协议。其报文格式是十六进制的。Modbus-RTU 的帧结构如图 2-3-2 所示，采用 CRC 校验。

| 从站地址 | 功能码 | 数据 | CRC校验 |

图 2-3-2

2）基于串口的 Modbus-ASCII，所有数据都是 ASCII 格式，一个字节的原始数据需要两个字符来表示，实际工业应用场合很少会用到 Modbus-ASCII，因为通信效率太低。Modbus-ASCII 的帧结构如图 2-3-3 所示，采用 LRC 校验。

3）基于以太网口和 TCP/IP 协议的 Modbus-TCP，其数据帧主要包括两部分：MBAP（报文头）+PDU（帧结构），数据块与串行链路是一致的，如图 2-3-4 所示。由于该通信方式是基于 TCP/IP 这种可靠协议上的，所以通信不需要有额外的校验机制，其服务器的默认端口是 502。

| 起始符 | 从站地址 | 功能码 | 数据 | LRC校验 | 结束符 |

图 2-3-3

| MBAP Header | 功能码 | 数据 |

图 2-3-4

有些设备支持多种 Modbus 模式，有些设备只支持其中一种模式，实际使用时要根据设备使用手册来选择采用何种模式。

（3）Modbus 的通信过程　Modbus 采用的是"主/从"方式通信，即一对多的连接方式，一个主控制器最多可以支持 247 个从属控制器，如图 2-3-5 所示。由主机发出数据请求消息，从机接收到正确消息后就可以发送数据到主机以响应请求；主机也可以直接发消息修改从机的数据，实现双向读写。

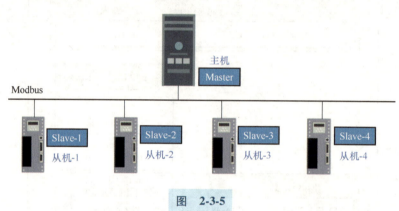

图 2-3-5

主机设备可单独和从机设备通信，也能以广播的方式和所有从机设备通信。如果单独通信，从机设备返回一条信息作为回应；如果是以广播的方式查询，则从机不做任何回应。每个从机设备都有一个不同的设备地址，该设备地址为 1B，允许范围是 1~247，同一网络地的地址不重复。

对于 Modbus-RTU 和 Modbus-ASCII 来说，主机是 Master，从机是 Slave；对于 Modbus-TCP 而言，主机通常称为 Client，从机称为 Server。

2.3.3　任务实施

1. 配置前的准备工作

（1）安装串口驱动

1）由于需要用计算机通过 RS485/USB 转换器对仪表进行调试，因此需先安装 RS485 串口协议驱动。如图 2-3-6 所示，选择驱动安装包，单击鼠标右键，在快捷菜单中选择"以管理员身份运行"，然后根据安装向导进行安装，安装完成后如图 2-3-7 所示。

2）安装完成后，需要检查驱动是否安装成功。先把 RS485/USB 转换器插入到计算机的 USB 接口处。

2.3-1 配置前的准备工作

图 2-3-6

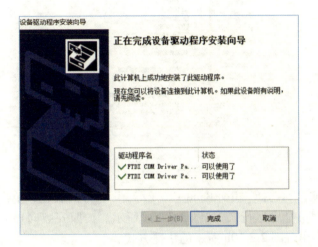

图 2-3-7

3）选择"此电脑"，单击鼠标右键，在快捷菜单中选择"属性"，如图 2-3-8 所示。

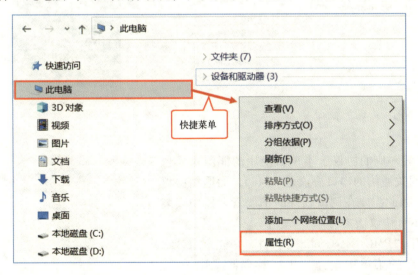

图 2-3-8

4）打开"控制面板"中的"设备管理器"窗口，查看"端口"是否成功识别，识别成功的效果如图 2-3-9 所示（图示例识别到的是 COM3），若识别不成功应重新安装驱动。

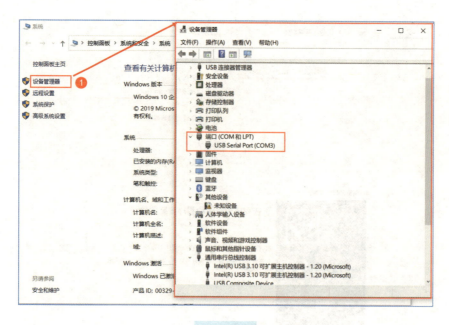

图 2-3-9

（2）安装配置软件　选择"RootBand-Pro（Z）"软件安装包，单击鼠标右键，在快捷菜单中选择"以管理员身份运行"，如图 2-3-10a 所示。按照安装向导完成安装。软件安装完成后，在桌面上会出现图 2-3-10b 所示的快捷方式。

a)　　　　　　　　　　　b)

图 2-3-10

（3）安装对应的协议　本项目使用的能源采集仪表与 GBox 网关通信的串口协议是 RS485，而通信协议是 Modbus，因此需要在调试软件的扩展管理器中安装对应的 Modbus 协议版本。

1）打开"PMC-EasyConfig"软件，单击"工具"按钮，在弹出的菜单中选择"扩展管理器（K）…"，如图 2-3-11 所示。

2）在"扩展管理器"窗口中选择"联机应用"，通过搜索"6.5"关键词快速找到所需的协议，选择安装"PMC-EasyConfigV1.1 350Modbus 协议 6.5"，如图 2-3-12 所示。此步骤需要在联网环境下操作。

图 2-3-11

项目 2 生产能源数据采集

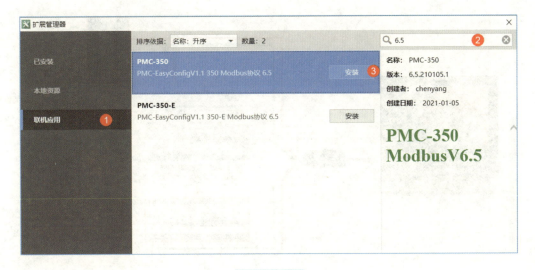

图 2-3-12

若无法联网,可以选择"扩展管理器"窗口中的"本地资源",找到并选中本书配套资源"ModbusV6.5"文件夹,单击"确定"按钮,如图 2-3-13 所示。

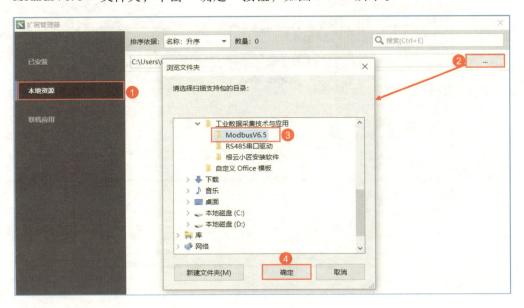

图 2-3-13

2. 配置能源采集仪表

(1) 新建配置文件

1) 把根云小匠通过 RS485/USB 转接器接入到计算机,打开根云小匠的供电电源,示意图如图 2-3-14 所示。

2) 打开"PMC-EasyConfig"软件,单击"新建配置"按钮,弹出"新建配置"对话框,参数设置如图 2-3-15 所示。其中,配置文件名称和保存路径可自定义。

(2) 连接设备通信 选择"通信"菜单中的"连接设备",在弹出的"连接设备"对

117

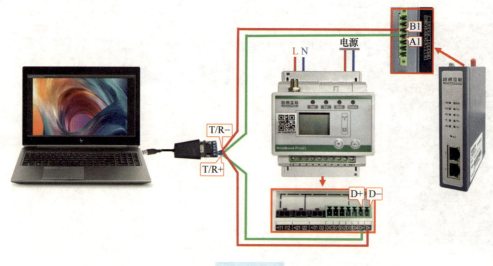

图 2-3-14

图 2-3-15

话框中,参数设置如图 2-3-16 所示。对话框中各参数的说明如下。

1)"装置型号":选择默认的"PMC-350"。

2)"规约类型":选择默认的"Modbus"。

3)"通信方式":选择计算机的设备管理器识别到的"COM3"口(可查看 2.3.3 任务实施"(1)安装串口驱动"中显示的串口名)。

4)"波特率":选择默认的"9600",表示传输速率。

5)"校验方式":选择默认的"8E1",表示 8 个数据位,偶校验,1 个停止位。"校验方式"下拉列表中不同选项的说明见表 2-3-1。

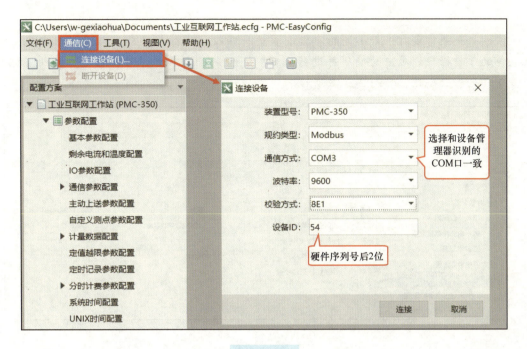

图 2-3-16

表 2-3-1

数据位		校验位		停止位	
7	表示 7 个数据位	E	表示偶校验	1	表示 1 个停止位
		O	表示奇校验		
8	表示 8 个数据位	N	表示无校验	2	表示 2 个停止位

6）设备 ID：输入根云小匠面板上的硬件序列号后 2 位，如图 2-3-17 所示。
设置完成后，单击"连接"按钮，完成设备连接。

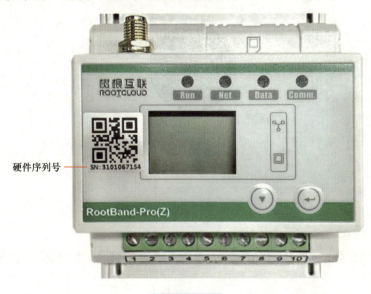

图 2-3-17

说明：如果需要对根云小匠的参数配置进行修改，例如，修改 RS485 参数配置，可在左侧的导航栏找到对应的选项并进行修改，修改完成后单击"写入配置"按钮，把新配置下发到根云小匠，如图 2-3-18 所示。

图 2-3-18

但要注意记住新的配置参数，后续重新连接设备需要输入修改后的参数，配置网关 GBox 也需要输入这些参数。

3. 查看实时能源数据

在左侧的导航栏中，选择"基本实时数据"可查看根云小匠采集到的实时电能源数据，如图 2-3-19 所示。

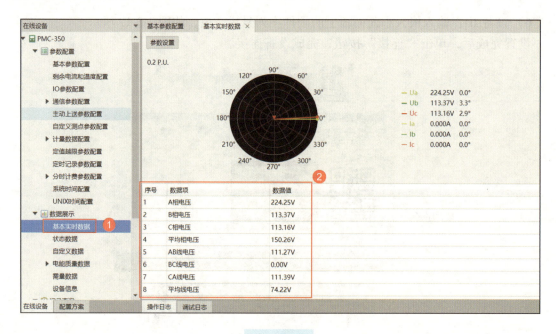

图 2-3-19

本任务测量的是 220V 的单相电压（图中的数值在电压允许偏差范围内），故只查看 A 相数据，B 相、C 相数据无须校验。

2.3.4 思考与练习

1. 选择题

（1）对于根云小匠配置中的校验方式"8E1"，以下哪一项表述正确？（　　）

A. 8E1 表示 8 个数据位，偶校验，1 个停止位

B. 8E1 表示 1 个数据位，偶校验，8 个停止位

C. 8E1 表示 8 个数据位，奇校验，1 个停止位

D. 8E1 表示 1 个数据位，奇校验，8 个停止位

（2）根云小匠的工业通信协议是（　　）。

A. HTTP　　　　　　　　　　　　B. S7

C. COAP　　　　　　　　　　　　D. Modbus

（3）Modbus 协议被工业领域所广泛接受的原因不包括（　　）。

A. 帧格式简单、通俗易懂、便于开发

B. 安全性高，实现认证、权限管理等

C. 公开发表并且无版权要求

D. 易于部署和维护，可靠性好

（4）以下对 Modbus 协议的类型的描述正确的是（　　）。

A. Modbus 可以在多种介质上传输，其传输模式有 ASCII、RTU、TCP 三种

B. Modbus-RTU 协议是基于串行链路，其物理层是以太网

C. Modbus-ASCII 协议是基于平行链路，其物理层是以太网

D. Modbus-TCP 协议是基于串行链路，其物理层是 RS485

2. 判断题

（1）Modbus-TCP 的物理层是 RS232 或者 RS485。（　　）

（2）基于串口的 Modbus-ASCII 协议，所有数据都是 ASCII 格式，一个字节的原始数据需要两个字符来表示。（　　）

（3）Modbus 协议采用的是"主/从"方式通信，即一对多的方式连接，一个主控制器最多可以支持 247 个从属控制器。（　　）

（4）Modbus 协议的局限性之一是组网能力差。（　　）

任务 2.4　采集能源数据接入平台

2.4.1　任务说明

【任务描述】

小郑完成了能源采集仪表的安装调试及参数配置后，接下来的工作任务就是把这些能源仪表的数据通过物联网关采集并上传到工业互联网平台。

在本任务中，小郑需要先在工业互联网平台上更新物模型属性，添加新采集数据在物模型中对应的连接变量属性；然后在网关配置软件中配置 GBox 网关与能源采集仪表的通信，添加 IO 采集点，并更新转发平台的数据。

【学习导图】

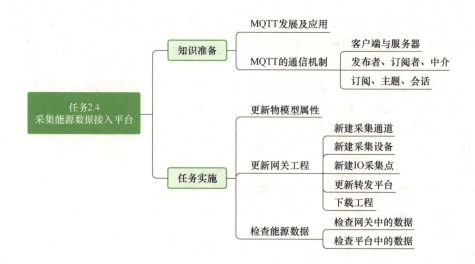

【任务目标】

知识目标

1）了解 MQTT 的起源和使用场景。
2）了解 MQTT 的优势。
3）了解 MQTT 的客户端与服务器。
4）了解 MQTT 协议的发布者、订阅者、中介。
5）熟悉 MQTT 的通信机制。

技能目标

1）能使用批量添加的方法更新物模型属性。
2）能新建能源采集仪表通道及设备。
3）能新建能源采集仪表的 IO 采集点。
4）能在工业网关和工业互联网平台上检查校验能源数据。

2.4.2 知识准备

1. MQTT 发展及应用

MQTT 是一种基于发布/订阅模式的"轻量级"通信协议，该协议构建于 TCP/IP 协议上，所有的物联网终端都通过 TCP 连接到云端，云端通过主题（Topic）的方式管理各设备关注的通信内容，负责转发设备与设备之间的消息。

MQTT 原本是国际商业机器公司（International Business Machines Corporation，IBM）于 1999 年发布的在其产品上使用的通信协议；到了 2010 年，IBM 公开发布了 MQTT 3.1 版本，使之成为开源协议。2014 年，MQTT 协议正式成为了结构化信息标准促进组织（Organization for the Advancement of Structured Information Standards，OASIS）的标准协议。

MQTT 的最大优点在于可以以极少的代码和有限的带宽，为连接远程设备提供实时可靠的消息服务。作为一种低开销、低带宽占用的即时通信协议，它在物联网、小型设备、移动应用等方面有较广泛的应用。

2. MQTT 的通信机制

实现 MQTT 协议需要客户端和服务器端完成通信；在通信过程中，MQTT 协议中有三种身份，分别是发布者（Publisher）、中介（Broker）、订阅者（Subscriber）。

图 2-4-1 所示是 MQTT 的通信机制，MQTT 交换的消息都附带"主题"地址，各个客户端把这个"主题"视为收信地址，对其执行传输消息的操作。

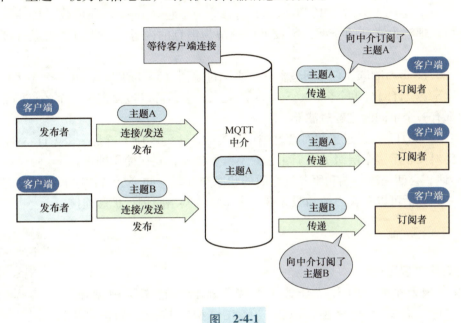

图 2-4-1

首先，中介在等待各个客户端对其进行连接；订阅者连接中介，把自己想订阅的主题名称告诉中介，这个过程就称为订阅；发布者连接中介，以主题为收信地址发送消息，这个过程称为发布。

发布者一发布主题，中介就会把消息传递给订阅了该主题的订阅者。如图 2-4-1 所示，如果订阅者订阅了主题 A，那么只有在发布者发布了主题 A 的情况下，中介才会把消息传递给订阅者；同理，如果订阅者订阅了主题 B，那么只有在发布者发布了主题 B 的情况下，中介才会把消息传递给订阅者。订阅者和中介总是处于连接状态，而发布者则只需要在发布时建立连接，不过要在短期内发布数次主题时，就需要一直保持连接状态了。因为中介起着转发消息的作用，所以各个客户端之间没有必要知道对方的 IP 地址等网络上的收信地址。

（1）客户端与服务器

1）客户端（Client）即使用 MQTT 的程序或设备。客户端总是通过网络连接到服务端。发布者和订阅者都属于客户端，至于客户端是发布者还是订阅者，只取决于该客户端当前的状态——是在发布消息还是在订阅消息。当然，一个客户端可以同时是发布者和订阅者。客户端的范围很广，任何终端、嵌入式设备、服务器只要运行了 MQTT 的库或者代码，都可以称为 MQTT 客户端。

2）服务器（Server）是一个程序或设备，作为发送消息的客户端和请求订阅的客户端之间的中介。

（2）发布者、订阅者、中介

1）发布者与订阅者。发布者和订阅者是相对于主题而言的身份，如果一个客户端以某个主题发布消息，那么这个客户端就是发布者；如果一个客户端订阅了某个主题，那么它就是订阅者。

2）中介负责接收发布者的消息，并将消息发送给相应的订阅者，是整个 MQTT 订阅/发布的核心。

（3）订阅、主题、会话　MQTT 传输的消息分为主题（Topic）和负载（Payload）两部分。主题可以理解为消息的类型；负载可以理解为消息的内容，是指订阅者具体要使用的内容。

1）订阅（Subscription）。订阅包含一个主题过滤器（Topic Filter）和一个最大的服务质量（QoS）等级。订阅与单个会话（Session）关联。会话可以包含多于一个的订阅。会话的每个订阅都有一个不同的主题过滤器。

2）主题。MQTT 是通过主题对消息进行分类的，主题本质上就是一个 UTF-8 的字符串，可以通过反斜杠表示多个层级关系。主题并不需要创建，直接使用即可。

3）会话。会话是客户端和服务端之间的状态交互。一些会话持续时长与网络连接时长一样，另一些会话可以在客户端和服务端的多个连续网络间进行扩展连接。

2.4.3　任务实施

1. 更新物模型属性

2.4-1　更新物模型属性与新建采集通道、设备

1）登录根云平台，打开"任务 1.5 接入平台与建模"中创建的"工业互联网工作站"物模型，单击"修改模型"按钮，如图 2-4-2 所示。

2）本任务采用批量添加属性的方式新增物模型属性，单击"批量添加"按钮，如图 2-4-3 所示。此方法主要用于两个物模型的属性相同时，先从完成的物模型中导出属性表，然后批量导入需要更新（或新建）的另一个物模型，以提高工作效率。

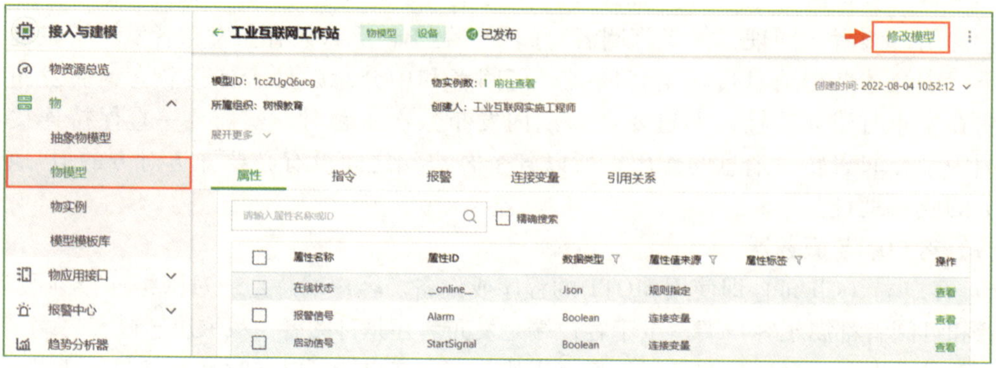

图　2-4-2

项目2 生产能源数据采集

图 2-4-3

3）在弹出的"批量添加属性"对话框中，单击"从本地选择文件"按钮，如图 2-4-4 所示。在弹出的"打开"窗口中，选择本书配套的"工业互联网工作站属性表 2.4"，单击"打开"按钮，如图 2-4-5 所示。

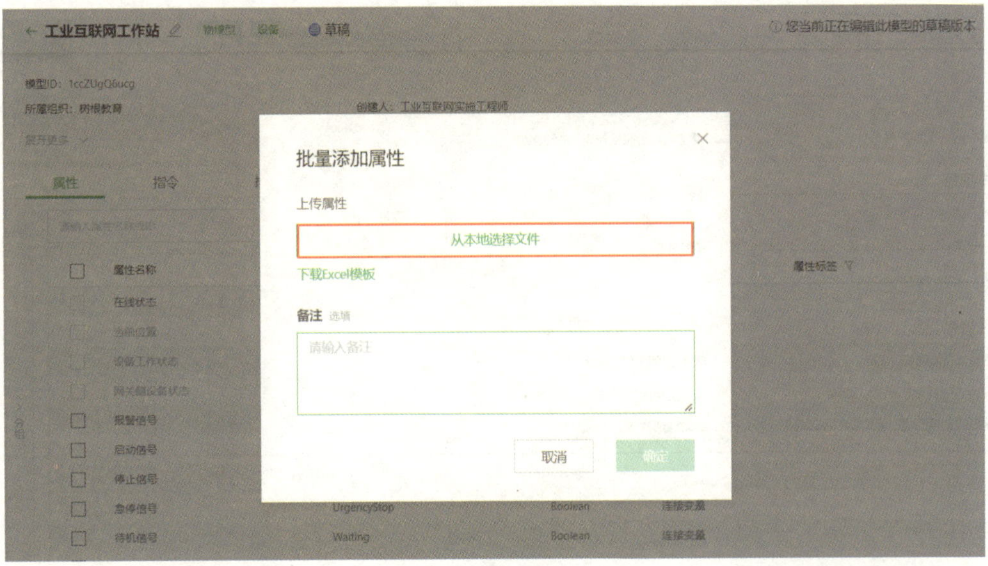

图 2-4-4

> **说明**：根云平台的版本会迭代更新，因此，如果遇到旧表格不匹配的情况，可在图 2-4-4 所示的对话框中单击"下载 Excel 模板"按钮，按照新模板把旧表中需要添加的属性内容填写完毕，之后单击"从本地选择文件"按钮，把填写好的 Excel 文件导入即可。

4）完成添加后，单击"更新发布"按钮，如图 2-4-6 所示。

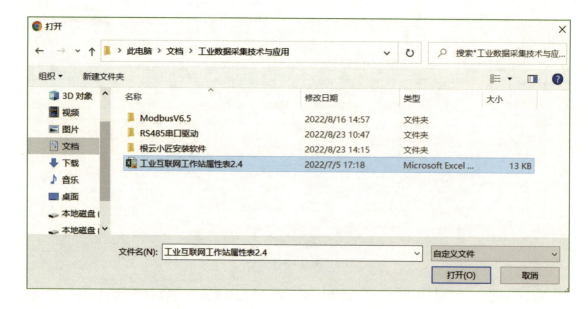

图 2-4-5

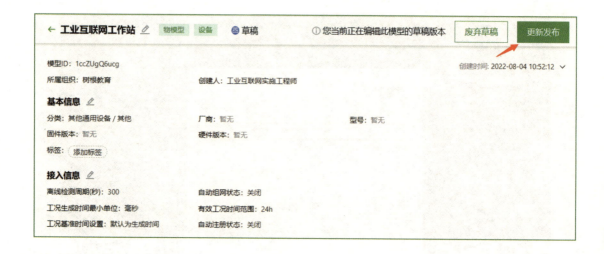

图 2-4-6

5）完成后如图 2-4-7 所示。

说明：本例所示为 220V 单相电压的数据。

2. 更新网关工程

（1）新建采集通道

1）在"GBox 开发系统"软件中打开项目 1 中创建的 GBox 工程"工业互联网工作站"，选择"采集服务"节点，单击鼠标右键，在快捷菜单中选择"新建通道"，如图 2-4-8所示。

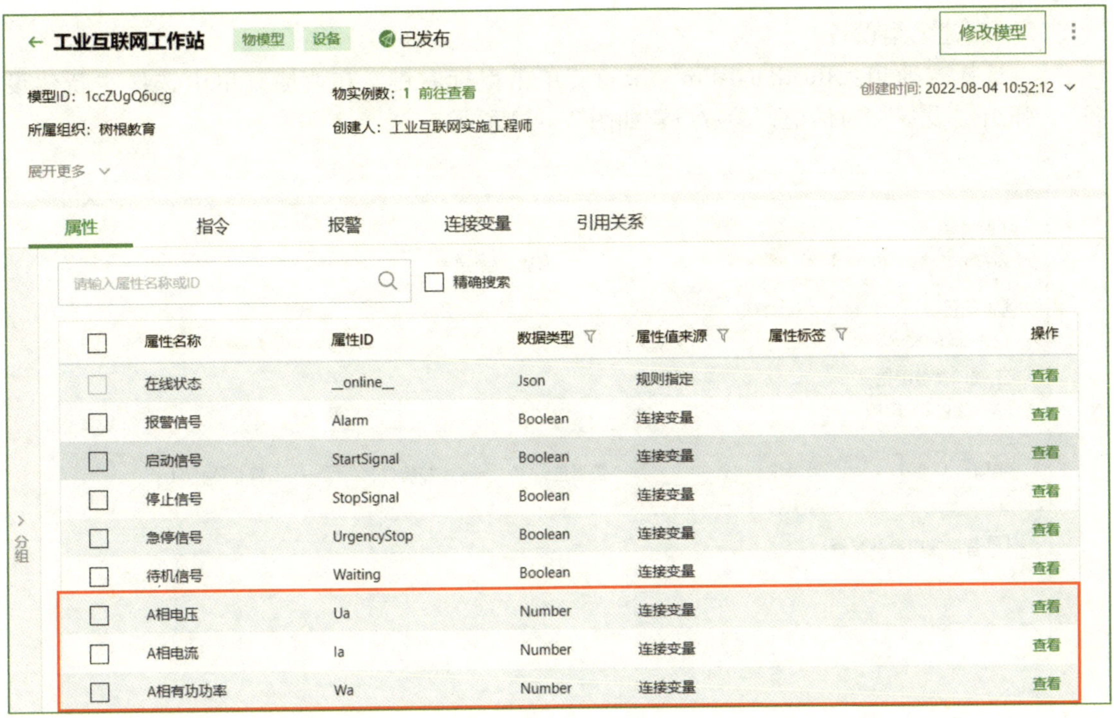

项目 2　生产能源数据采集

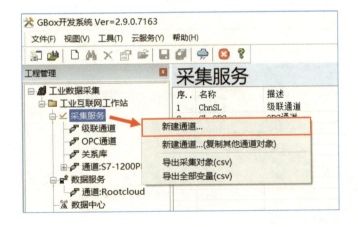

图　2-4-7

图　2-4-8

2）在弹出的"通道"对话框中，输入"名称"为"RootBand-Pro"，单击"规约"后的"…"按钮，如图 2-4-9 所示。

3）通道规约设置为"行业标准"——→"ModbusRTU"，如图 2-4-10 所示。

4）完成设置后的"通道"对话框如图 2-4-11 所示。对话框中的"波特率""数据位""校验位""停止位"需根据"2.3.3 任务实施"中的 RS485 通信参数来设置，否则无法正

127

常通信。

（2）新建采集设备

1）选择"通道：RootBand-Pro"节点，单击鼠标右键，在快捷菜单中选择"新建设备"，弹出"设备"对话框，参数设置如图2-4-12所示。

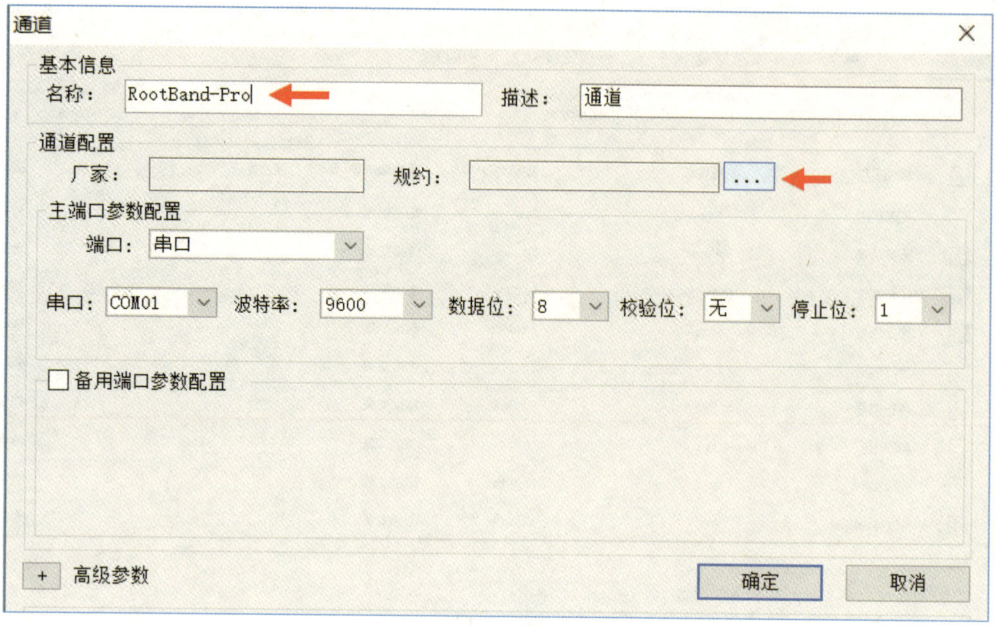

图 2-4-9

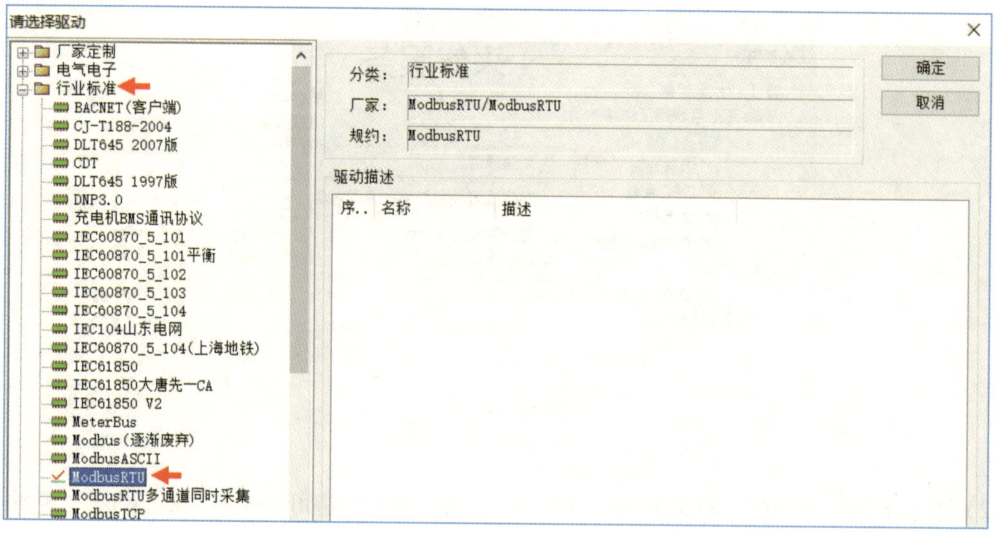

图 2-4-10

项目 2　生产能源数据采集

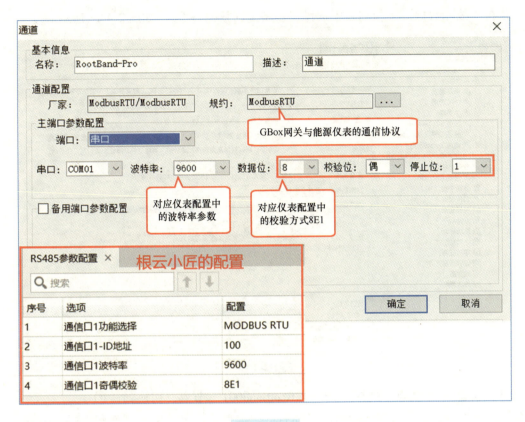

图　2-4-11

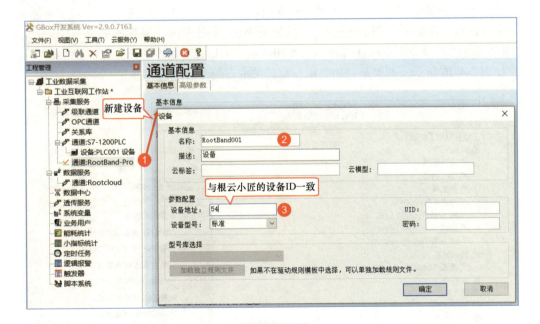

图　2-4-12

2）设备创建完成后，切换到设备的"高级参数"选项卡，勾选"故障检测"多选按

129

钮,并在"故障数据"下拉列表中选择"设备全部数据归零",如图2-4-13所示。

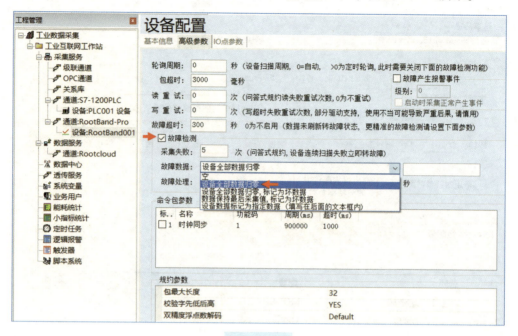

图 2-4-13

(3)新建IO采集点 选择"设备:RootBand001"节点,切换到"IO点参数"选项卡,在灰色空白处单击鼠标右键,选择快捷菜单中的"新建IO点…",如图2-4-14所示。

设置A相电压的采集点参数,如图2-4-15所示,"名称"和"描述"自定义,主要设置"功能码""数据地址""数据类型"。本任务由于采集的是220V的单相电压,故只需完成A相电压、A相电流、A相有功功率的采集点设置,如图2-4-16所示。如果是三相电压,则其采集点的参数配置类推。

2.4-2 新建IO采集点

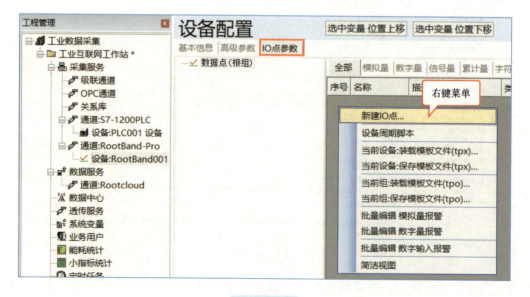

图 2-4-14

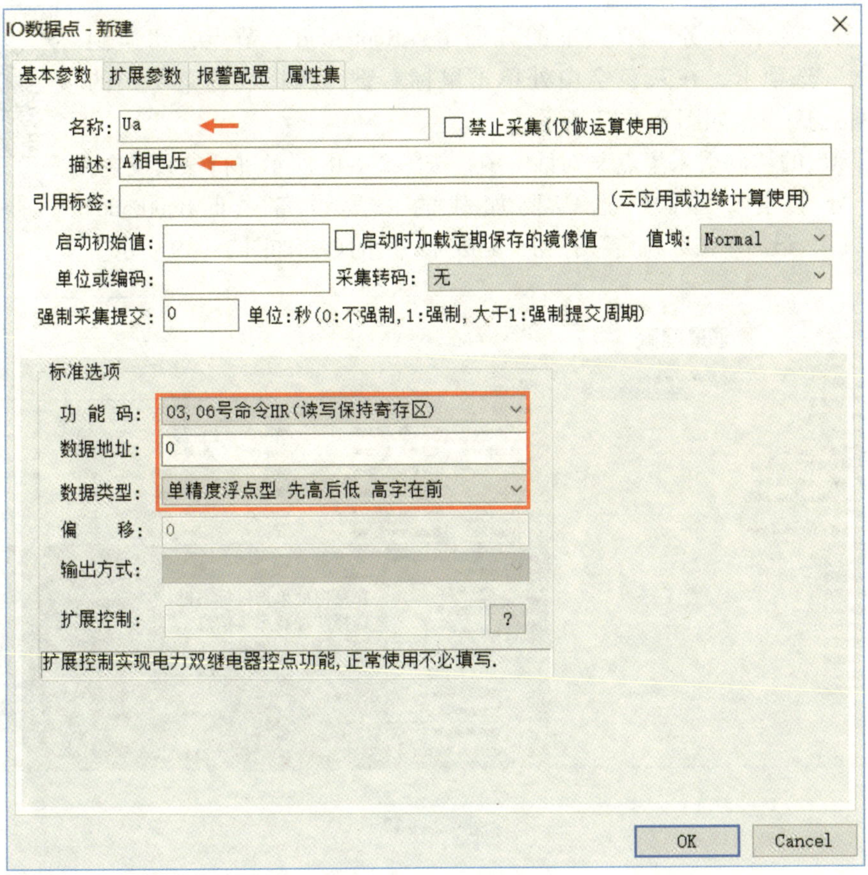

图　2-4-15

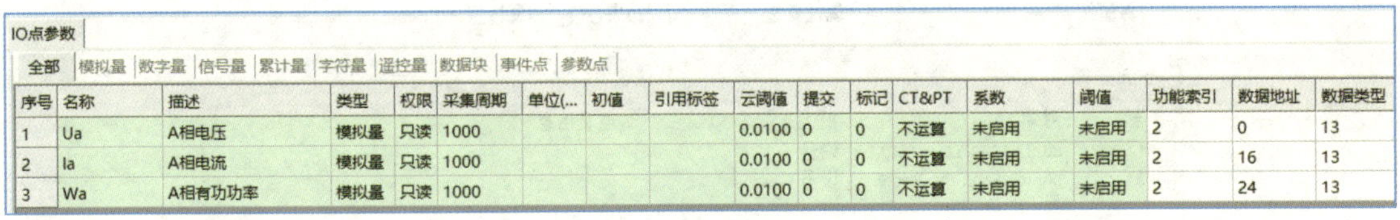
IO点参数

全部 | 模拟量 | 数字量 | 信号量 | 累计量 | 字符量 | 遥控量 | 数据块 | 事件点 | 参数点

序号	名称	描述	类型	权限	采集周期	单位(...	初值	引用标签	云阈值	提交	标记	CT&PT	系数	阈值	功能索引	数据地址	数据类型
1	Ua	A相电压	模拟量	只读	1000				0.0100	0	0	不运算	未启用	未启用	2	0	13
2	Ia	A相电流	模拟量	只读	1000				0.0100	0	0	不运算	未启用	未启用	2	16	13
3	Wa	A相有功功率	模拟量	只读	1000				0.0100	0	0	不运算	未启用	未启用	2	24	13

图　2-4-16

说明：

1）“功能码”：能源采集仪表的采集点统一输入为“03，16 号命令 HR（读写保持寄存区）”。

2）“数据地址”：能源采集仪表的采集点数据地址，详看附录 E 中的地址列。

3）“数据类型”：因为根云小匠寄存器的存储类型是浮点型（float），所以采用“单精度浮点型，先高后低，高字在前”。

(4)更新转发平台

1)选择"数据服务"节点下的"通道:Rootcloud"节点,切换到"DS点参数"选项卡,在灰色空白处单击鼠标右键,选择快捷菜单中的"加载采集信息…",如图2-4-17所示。

2.4-3 更新转发平台

2)在弹出的"映射采集点"对话框中,按图2-4-18所示进行参数设置,只保留部分采集类型,勾选需要加载的采集设备"db.RootBand-Pro.RootB…",最后单击"确定"按钮,完成加载后的页面如图2-4-19所示。

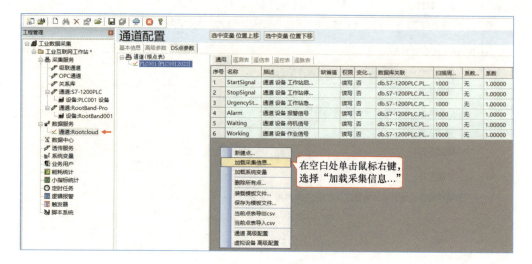

图 2-4-17

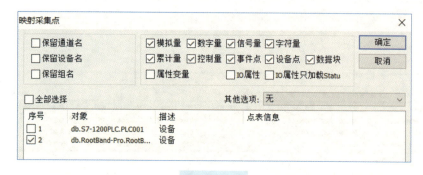

图 2-4-18

图 2-4-19

（5）下载工程　完成以上配置后，保存更新后的工程，并按照"1.4.3 任务实施"中的下载的工程操作步骤，把更新后的工程下载到 GBox 网关硬件中，如图 2-4-20 所示。

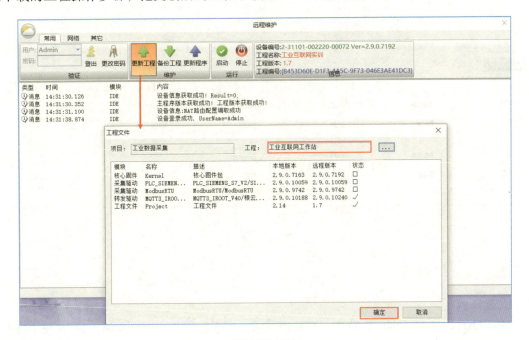

图　2-4-20

说明：下载工程时请确保 GBox 网关通电运行，且与计算机处于正常通信状态。

3. 检查能源数据

（1）检查网关中的数据　当对应的工程更新完成后，打开工作站设备电源，让 GBox 网关处于正常运行状态。之后按照"1.4.3 任务实施"中检查设备数据的操作步骤登录 GBox 网关系统查看是否有数据，数据是否与实际相符，如图 2-4-21 所示。

图　2-4-21

（2）检查平台中的数据　登录根云平台，打开"任务 1.5 接入平台与建模"中创建的"工业互联网工作站 001"物实例，按照"1.6.3 任务实施"中验证根云平台实例数据的操作步骤，检查其是否在线，是否能正确显示属性数据等，如图 2-4-22 所示。

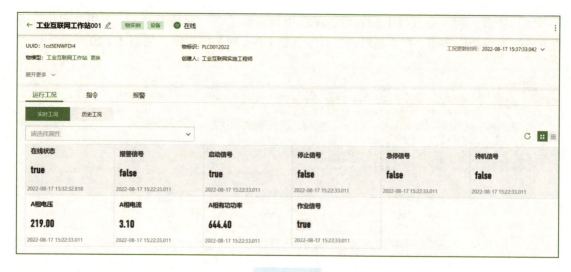

图 2-4-22

2.4.4 思考与练习

1. 选择题

（1）MQTT 是一种基于发布/订阅模式的"轻量级"通信协议，该协议构建于（　　）上。

A. UDP 协议　　　　　　　　　　　B. HTTP 协议
C. TCP/IP 协议　　　　　　　　　　D. FTP 协议

（2）实现 MQTT 协议需要客户端和服务器端完成通信，在通信过程中，MQTT 协议中的身份不包括（　　）。

A. 发布者　　　　　　　　　　　　B. 中介
C. 订阅者　　　　　　　　　　　　D. 物模型

（3）配置 GBox 网关与根云小匠通信的采集服务通道时，其"规约"选择（　　）。

A. Modbus　　　　　　　　　　　　B. Profinet
C. HTTP　　　　　　　　　　　　　D. DeviceNet

（4）下列关于 MQTT 中的描述错误的是（　　）。

A. 任何终端、嵌入式设备、服务器只要运行了 MQTT 的库或者代码，都可以称为 MQTT 服务端

B. 发布者连接中介，以主题为收信地址发送消息，此过程称为发布

C. 一个客户端可以同时是发布者和订阅者

D. 订阅者连接中介，把自己想订阅的主题名称传递给中介，此过程称为订阅

2. 判断题

（1）MQTT 协议中，一个客户端不能同时是发布者和订阅者。（　　）

（2）客户端通过主题的方式管理各设备关注的通信内容，负责转发设备与设备之间的消息。（　　）

（3）MQTT 最大的优点在于可以以极少的代码和有限的带宽，为连接远程设备提供实时可靠的消息服务。（　　）

(4) 在 MQTT 协议中，客户端与服务器是相对于主题而言的身份。（　　）

(5) 配置 GBox 网关与根云小匠通信的采集服务通道时，其"波特率""数据位""校验位""停止位"可以任意输入。（　　）

任务 2.5　校验与分析能源数据

2.5.1　任务说明

【任务描述】

小郑完成了前面任务的实施工作之后向唐工汇报，唐工检查了小郑的工作成果后，表扬小郑入职后第一个实施项目做得不错。不过唐工也对小郑进行指导，还要学会使用趋势分析器来对采集的数据进行校验，因为这对于项目交付后的运行与维护是非常重要的。

在本任务中，小郑需要了解工业互联网平台趋势分析器的价值，了解其在不同异常情况下对采集问题的排查方向，并会使用趋势分析器创建和编辑分析报告。

【学习导图】

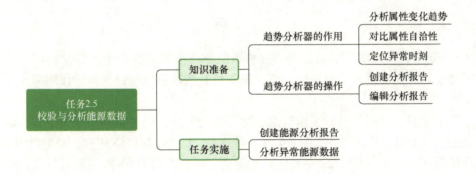

【任务目标】

知识目标

1) 了解趋势分析器的作用。
2) 了解趋势分析器异常的排查方向。
3) 熟悉创建和编辑分析报告的操作步骤。

技能目标

1) 会使用趋势分析器创建分析报告。
2) 会查看趋势分析器报告并初步判断异常原因。

2.5.2　知识准备

1. 趋势分析器的作用

本任务的数据验证需要使用根云平台的趋势分析器，其作用可概况如下。

(1) 分析属性变化趋势　可以通过分析相关属性的某时间段内的变化趋势，从中发现问题，为故障报警、资源预警提供线索和依据，为预测属性未来的变化情况提供帮助。例如，设备温度、工作电流是否有急剧变化的异常等。

（2）对比属性自洽性　可以对比分析同一台设备多个属性之间的自洽性，例如，将焊接电流、焊丝用量、送丝速度几个属性添加在一组曲线中，在同一时间轴上对比，其趋势应该是一致的，如图 2-5-1 所示。如果不一致，则需检查异常原因。

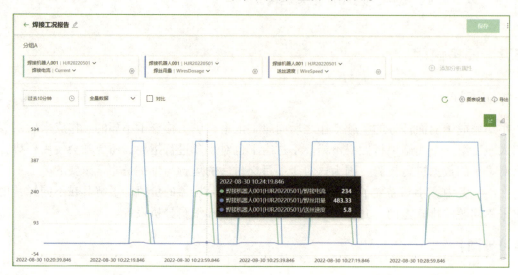

图 2-5-1

图 2-5-2 所示是一个典型的通过趋势分析器的分析报告觉察到生产异常的情况。在该案例中，通过电能源仪表采集了制氧厂的空压机的总有功功率，通过气流量仪表采集了空压机的瞬时流量。

在正常情况下，空压机开始工作时总有功功率会上升，同时会制出压缩空气，因此，瞬时流量也会同步上升。而图 2-5-2 中，4 月 8 日大约 21：00 开启空压机，总有功功率上升，瞬时流量却是在 4 月 9 日 02：21 左右才开始随之上升，中间有 5h 左右没有气流产生。

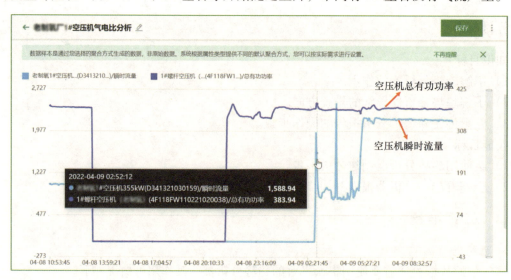

图 2-5-2

根据这种异常情况,需要先排查是气流量仪表的采集网关出现故障,还是气流量仪表故障导致不准确,或是网络问题导致数据延迟。在排除这些采集链路的问题之后,需要进一步排查空压机是否存在漏气点,如果是因为漏气导致的异常,解决之后对于企业而言则是消除了一个重大的能源浪费问题。

(3) 定位异常时刻　有些设备由于网络或者其他故障掉线,可以从趋势分析器查看其具体掉线的时刻,从而可以定位到该时刻发生的情况进行分析。在图 2-5-3 所示的分析报告中,可以看到该设备在 2022 年 8 月 16 日 10:43:54 开始无数据,从而排查该时段的平台或是设备运行情况,进一步解决问题。

图　2-5-3

2. 趋势分析器的操作

(1) 创建分析报告　使用根云平台的趋势分析器创建分析报告有以下两种方式。

1) 选择物实例的某一个属性,单击"查看趋势"按钮,如图 2-5-4 所示;进入"趋势分析器"页面,此时系统默认生成"分析报告 01",且默认将该属性添加到"分组 A",如图 2-5-5 所示。

图　2-5-4

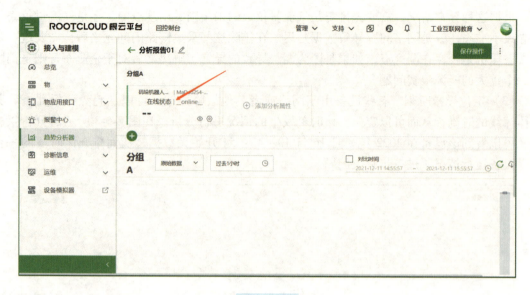

图 2-5-5

2）从左侧导航栏进入"趋势分析器"页面，单击"创建"按钮，如图 2-5-6 所示。跳转到"分析报告 01"页面，单击"添加分析属性"按钮，在列表中选择所需要分析的设备及其属性，单击"确定"按钮，如图 2-5-7 所示。

图 2-5-6

（2）编辑分析报告　在"分析报告"页面，可以对分析报告进行编辑。但要注意的是，只有在保存报告之后，对报告的编辑和修改才会生效。分析报告的编辑示例如图 2-5-8 所示，图中的序号所指分别表示以下内容。

① 可以自定义编辑分析报告的名称。

② 可以在报告的某个分组中添加多个属性，以进行对比分析。用户可以对一组曲线选择多个（目前，根云平台每个分组可支持 4 个属性）不同的属性进行比较分析。

图 2-5-7

③ 一份分析报告中支持添加多个分组,方便用户对比和分析,可以通过单击"⊕"按钮添加分组。

④ 配置采集样本个数和采集时间。平台支持自定义趋势曲线的采集样本个数和采集时间段,默认展示 1000 个数据样本,当采集时间小于 1h 时,由于采集样本个数太少,因此统一显示为"原始数据"。

⑤ 通过"对比时间",将当前采集时间与指定时间进行对比,采集时间内的数据用实线显示,对比时间内的数据以虚线显示。图 2-5-9 所示是选取某个属性,在两个时间段内对比变化趋势。通过"对比时间",可以分析出属性在采集数据当天与其他天同时段内的数据变化趋势有无异常。

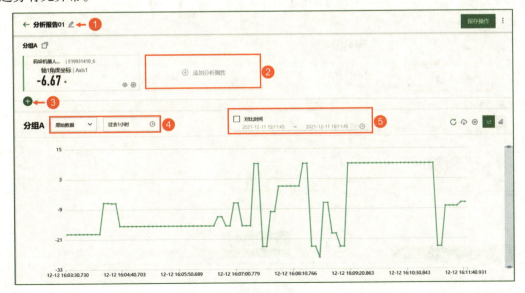

图 2-5-8

图 2-5-9

此外，还可以设置曲线显示规则。每个分析属性都可以独立设置曲线显示的规则，如图 2-5-10 所示。"曲线显示设置"中各选项的说明见表 2-5-1。

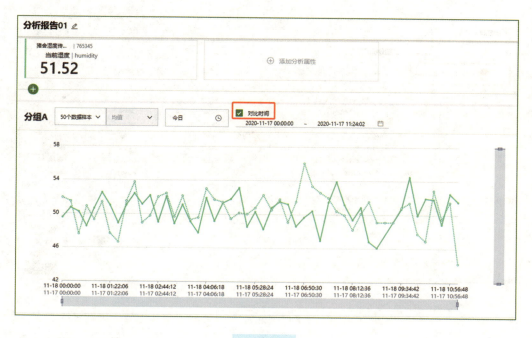

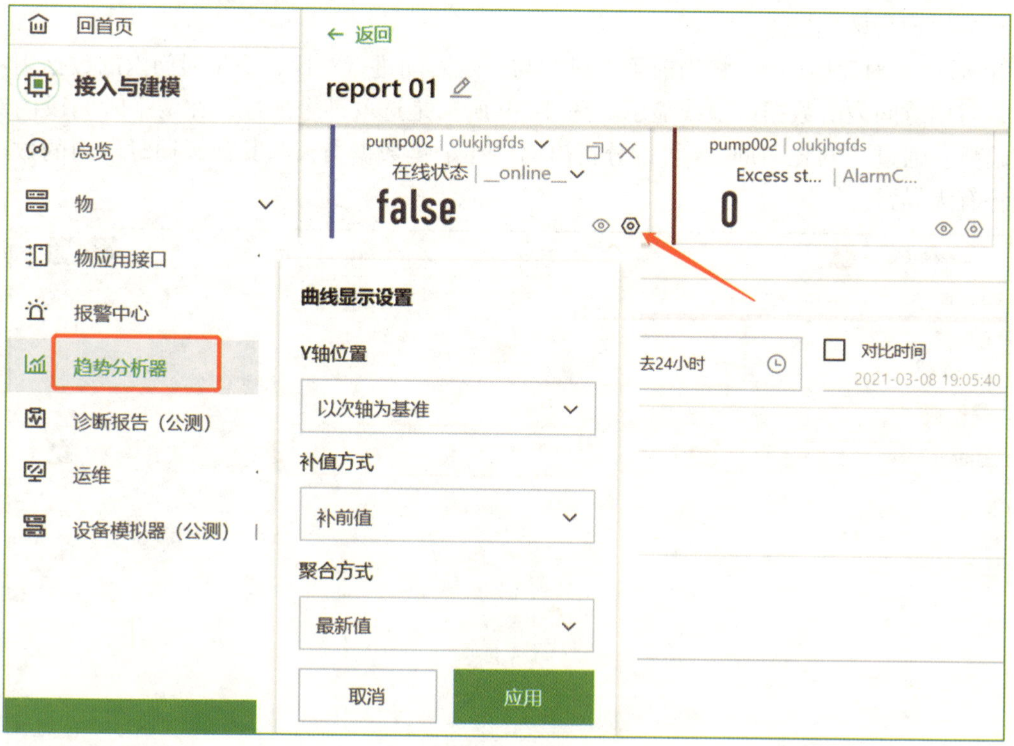

图 2-5-10

表 2-5-1

选项	功能说明
Y 轴位置	1）以主轴为基准：曲线的 Y 轴显示在图像左侧 2）以次轴为基准：曲线的 Y 轴显示在图像右侧
补值方式	数据记录存在断线、停机等情况导致数据趋势曲线显示不连续，因此对每一条曲线，用户可以通过按钮配置缺失值的补值方式，使曲线更加平滑且更便于分析，补值方式包括以下 3 种 1）不补值 2）补前值：使用前一个曲线数据值来补充缺失的数据 3）线性补值：使用线性插值法补充缺失数据 "在线状态"属性默认为"补前值"，其他属性默认为"不补值"
聚合方式	对每一条曲线，用户可以通过属性数值的类型选择时间区间内的数据聚合方法 1）Number 类型属性，"聚合方式"可选项包括"均值""最大值""最小值""最旧值""最新值""众数""中位数"。默认使用"平均值"进行聚合 2）Boolean 类型属性，"聚合方式"可选项包括"最旧值""最新值""众数"。默认使用"最新值"进行聚合

2.5.3 任务实施

1. 创建能源分析报告

1）登录根云平台，在"接入与建模"导航栏中选择"趋势分析器"，然后单击"创建"按钮，如图 2-5-11 所示。

图 2-5-11

2）在弹出的"分析报告 01"页面中，单击"添加分析属性"按钮，在弹出的"添加分析属性"对话框中选择"设备"下的"工业互联网工作站 001"，勾选"A 相电流""A 相有功功率""启动信号"属性，单击"确定"按钮，如图 2-5-12 所示。

3）在时间选项组中，可以通过"快捷选择""自定义动态时间""自定义静态时间"来选择需要分析的时间段，可以修改分析报告的名称，如图 2-5-13 所示。

4）创建完成之后，单击"保存"按钮，如图 2-5-14 所示。

2. 分析异常能源数据

如图 2-5-14 所示，设备在没有启动的情况下，依然有负载电流和有功功率，这个是不符合常理的异常情况。

图 2-5-12

图 2-5-13

图 2-5-14

此种情况下,可以排查"2.4.3 任务实施"中新建采集设备的操作步骤,可能在"高级参数"选项卡中没有勾选"故障检测"及设置"故障数据",正确配置如图 2-5-15 所示。如果忘记勾选,GBox 网关会一直上报最后一次采集到的数据,平台上的电流和功率数据保持最后一条,导致出现图 2-5-14 所示的情况,与实时情况不符。

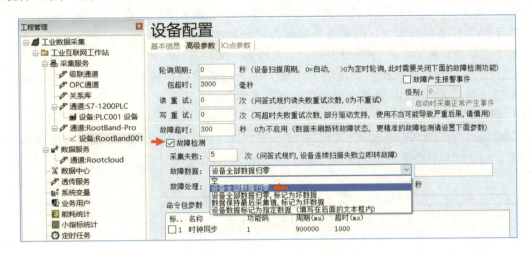

图 2-5-15

> **说明:** 由于能源仪表使用 Modbus-RTU 协议,用 RS485 串口连接,需要设置"故障检测"。设置之后,一旦仪表出现故障或者关机,可以对采集的数据和过程做出优化设置。如果使用的是 S7 协议,由于用的是网口连接,设备一旦停电,相当于 TCP 连接断开了,只有 TCP 连接上了才会重新通信,期间会一直发起 TCP 连接,因此不需要设置"故障检测"。

2.5.4 思考与练习

1. 选择题

(1)下列对"趋势分析器"的作用描述错误的是(   )。

A. 分析属性变化趋势

B. 对比属性自洽性

C. 定位异常时刻

D. 统计汇总各属性值

(2)为了排查采集网关掉线的时刻,张工使用"趋势分析器"的分析报告。这体现了"趋势分析器"作业中的哪一个作用?(   )

A. 分析属性变化趋势

B. 对比属性自洽性

C. 统计汇总各属性值

D. 定位异常时刻

(3)关于"趋势分析器"的操作,下列描述错误的是(   )。

A. 可以选择指定物实例的某一个属性,直接进入"趋势分析器"页面

B. 可以先进入"趋势分析器"页面，再创建分析报告，添加分析属性
C. 对分析报告进行编辑后，无需手动保存，其会自动保存
D. 一份分析报告中支持添加多个分组

2. 判断题

（1）根云平台支持自定义趋势曲线的采集样本个数和采集时间段，当采集时间小于1h时，由于采集样本个数太少，因此统一显示为"原始数据"。（　　）

（2）"趋势分析器"的分析报告中，不支持多个属性进行对比。（　　）

（3）某工厂的空压机在启动之后，在根云平台的趋势分析报告中，发现总有功功率上升之后气流量在3h内没有变化，此种情况属于正常。（　　）

3. 思考题

如果一台生产设备已经关机，但是在工业互联网平台上的物实例的实时工况数据中，有功功率、电流、电压等属性还显示有数据，有可能是什么原因？需要如何排查？

项目 3
生产管理数据采集

项目3 生产管理数据采集

【项目背景】

F 集团现行的五年规划中有一个很重要的目标,就是要实现集团全面数字化转型。在前三年中,集团已经完成了自动化程度较高的几个工厂的设备数字化转型工作,且运行良好;接下来需要把自动化程度较低的二号工厂的设备数据上传云端,以便达成集团的总体目标。

总经理做了个整体的改革方案,并向集团申报预算。预算通过之后,开始寻找合适的供应商,经过对多家公司提供的解决方案从技术、商务、类似项目经验等进行磋商对比,最终选择了集团供应商库中的 R 公司进行合作。

签订合同并召开了启动大会之后,R 公司的售前解决方案部移交项目资料给实施部,在移交的材料中显示:

1) F 集团二号工厂自动化程度较低,生产设备主要是老旧的冲压机,没有控制系统,行业俗称"哑设备"。

2) 二号工厂是集团最早创建的工厂之一，但因集团其他业务发展迅速，投入的资金比较多，因此二号工厂得到的建设资金偏少，导致其信息化程度不高，生产运营管控难度大，例如，工厂目前是计时工资体系，如果用计件的方式则需要人工报数，会出现总产量与每个人报数的总合匹对不上的情况，因为人工报数不够准确。

3) 月底是车间主管最痛苦的时候，因为需要确定每个人的绩效工资，如何确定？计时和计件都不够准确，没有客观数据的支撑，每个月都有人指责绩效考核不合理。

此次，集团投入资金完成二号工厂的数字化转型，就是希望从根本上解决这些问题，通过数字化来提高企业的生产运营管理水平。而整个数字化转型工程项目的实施，首先就是从设备物联采集数据做起。

【学习规划】

基于二号工厂设备物联采集数据的需求，考虑到工厂的"哑设备"情况，无法通过物联网关的协议采集方式采集设备数据，因此本项目围绕使用IO采集方式采集数据来展开任务。在整个项目中，将介绍IO采集器的安装调试及软件配置技能、常用的传感器及其作用、RS232串口的知识和接线技能等。本项目的任务规划如图3-0-1所示。

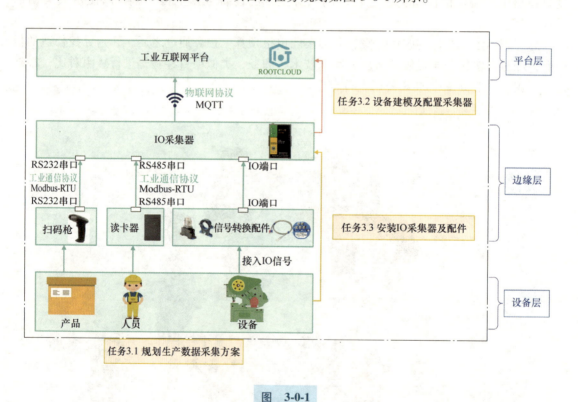

图 3-0-1

说明：本项目任务3.2和任务3.3的安排，主要是考虑配置IO采集器时需要把IO采集器和计算机进行连接，如果先安装IO采集器再进行配置，则还需拆开连接，再重新连接才可配置，不符合实际需求。

任务 3.1 规划生产数据采集方案

3.1.1 任务说明

【任务描述】

在本任务中,项目经理唐工带着初级实施工程师小韩来到二号工厂的生产车间,与车间主管进行沟通;获取具体需要采集的数据,调研现场的生产设备情况、生产执行的过程,确认安装位置、网络情况和可实施时段等,以便制定具体的采集方案,如采集启停信号、作业信号、人员和产品信息、设备关键参数信息等。

【学习导图】

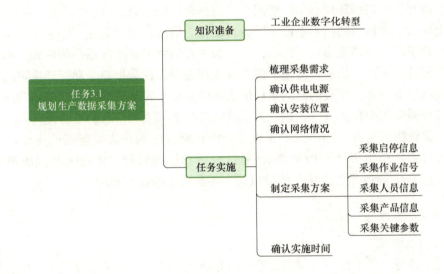

【任务目标】

知识目标
1) 了解工业企业数字化转型的需求。
2) 了解制定 IO 采集方案的内容。

技能目标
1) 能根据现场设备的启停信号、作业信号等制定数据采集方案。
2) 能根据需要获取的人员信息、产品信息等制定采集方案。
3) 能根据现场情况确认采集器的安装位置和供电电源。

3.1.2 知识准备

工业企业数字化转型

数据给工业企业带来的价值可以从企业内部经营管理和外部市场两个方面进行分析。企业内部经营管理的核心要素是如何降低运营成本和提高科学决策水平。

工业企业的数字化转型体现在业务模式、管理模式、生产模式、设备运行模式等层面。随着市场的变化和生产要素的发展（如存量市场放缓、开放式竞争、市场动态加剧等），出现了很多业务模式创新需求，如服务型制造、产能金融化、协同研发等。需要一个服务全局的数据平台来支撑灵活快速的业务创新和生产组织形态的改变。

在管理模式上，也有预测性维修、控制参数优化、生产计划优化等以决策为中心的需求，需要设备全生命周期档案、以物料为中心的生产档案等全息大数据模型。这些模型能够真实、全面地刻画物理世界，从而支撑企业从繁杂的动态数据中挖掘不变的规律。在无人或少人值守等场景下，需要实现人工经验和决策过程的全面自动化，从而实现知识和经验的传承、决策逻辑的流动，而不只是数据的流动。

在生产模式方面，随着产品定制化程度的提高（如根据不同环境进行风力发电机组的定制化设计与制造等）、产品生命周期缩短、专业分工细化、劳动力结构迁移等外部趋势的发展，协调设计、混线生产、少人值守、智能优化等新模式也需要数据支撑。在设备的智能升级（如表面质量的智能检测、自适应控制、自学习在线矫正等）过程中，希望设备的检测、控制和运行能够根据环境和实际情况自学习、自诊断、自调整。

工业企业数字化转型的技术手段主要有自动化、信息化和智能化。作为工业生产效率的重要技术保障手段，自动化实现了以生产工艺为中心的物料和生产指令的整理；作为提高管理效率的重要技术手段，信息化实现了以业务流程为中心的数据整合和管理决策的协同。以计算机集成制造等理念为代表的自动化和信息化的融合，实现了部分生产与经营的整合。这些数字化转型通常集中在执行层，通过数据的自动收集和决策信息的及时流转支撑经营过程的透明化，关键决策通常全部由人工完成。智能化则尝试构建决策所需的完整信息（如物理信息动态过程、全生命周期档案等），通过分析和挖掘数据，实现大范围决策过程的优化。而从"信息化"到"智能化"的升级的本质是数据的深度利用。

3.1.3 任务实施

1. 梳理采集需求

唐工与小韩与二号工程的车间主管进行沟通确认，梳理出现场需要采集的内容如下。

（1）设备状态信息 设备状态信号包括设备开关机信号、作业信号等。由于已经了解到该工厂的生产设备主要是没有控制系统的冲压机，如图3-1-1所示，因此需要根据这些设备的开关机信号、作业信号等制定方案。

图 3-1-1

（2）设备关键参数　设备关键参数包括关键部件温度、设备电流等。

（3）产品信息　读取产品的生产编码等信息，便于统计不同产品的单品能耗和生产时长等数据。

（4）人员信息　读取人员的基本信息，可以客观获取该员工的工作时长、统计其产量信息等。

2. 确认供电电源

在客户现场调研期间，需要确认设备的主回路电源及控制回路电源，主要目的是确认设备的供电电压，以选取合适的信号转换附件。另外，多数情况下需要通过设备的电源给采集模块供电。

一般工业设备的供电电源以 380V 的交流电源居多，通过设备断路器或空气开关引入设备电箱主回路中，如图 3-1-2a 所示。若设备有匹配的开关电源及端口，通常可以考虑直接从设备的控制开关电源给采集模块供电，如图 3-1-2b 所示。

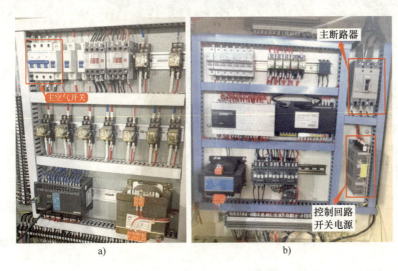

图 3-1-2

若设备电气控制柜中没有匹配的开关电源可以给采集模块供电，则需要加装开关电源或使用电源适配器给采集模块供电。为便于安装实施，开关电源和电源适配器插座通常选用卡轨式安装。经过调研，本项目采用设备的控制开关电源给采集模块供电。

3. 确认安装位置

在规划采集方案之前，通常需要去客户现场调研，确认采集器的安装位置。一般情况下，IO 采集器及转换附件安装在生产设备的配电柜内部。但一些小型或简易的生产设备无配电柜或配电柜位置狭小，则需要考虑外加配电柜来安装采集器等硬件。

在配电柜内安装采集器，需要确认柜内是否有空余的卡轨（标准 35mm 卡轨）可供使用，卡轨长度一般需要 15~18cm。若无空余卡轨可用，则需要另外安装卡轨来安装采集器。另装卡轨长度一般预留 20cm 左右，柜内需要有一块大概 A4 纸大小（297mm×210mm）的安装空间。图 3-1-3 所示为确认 IO 采集器在工业现场的安装位置的实际案例。

4. 确认网络情况

本项目的 IO 采集器是通过 4G 网络进行通信传输的，其网络硬件支持全网通。需要在

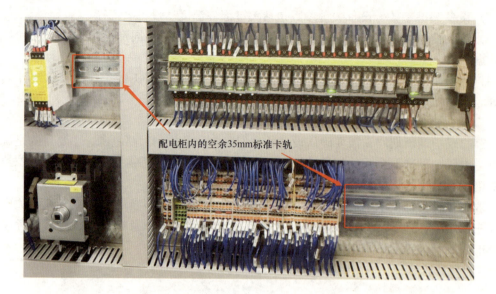

配电柜内的空余35mm标准卡轨

图 3-1-3

客户设备现场确认移动网络覆盖情况时，可以用手机测试，必要时可以用一台专用测试设备在现场测试。使用的4G网络天线是外置210mm长的天线，需要放置在配电柜外部以防信号屏蔽。要考虑配电柜的天线走线，如果柜体是完全封闭的，没有对外的走线孔，则还需要考虑打孔走线。图3-1-4所示是本项目使用的天线。

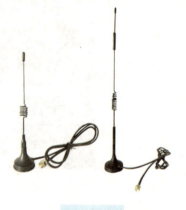

图 3-1-4

5. 制定采集方案

（1）采集启停信号　采集设备的启停信号有以下两种方式。

1）直接根据采集模块的供电信号判断。通常情况下，设备控制电路中的开关电源是受设备总的启停开关来控制的，所以可通过设备控制电路开关电源的电信号来判断设备总的启停状态。

为了减少施工的工作量和复杂程度，可在硬件中加入电源供电状态判断功能，直接通过电源的供电电压来判断设备的总启停状态。故只要从设备开关电源直接引线给采集模块供电即可判断设备的总启停状态，不需要额外做相关信号点的采集和处理工作。

如果采集器是外加电源供电，且外加电源取自设备的总启停控制开关的下游电路，则也可直接通过采集模块的供电信号来判断设备的总启停状态。

2）根据设备启停控制开关或关联电路的控制开关信号判断。在采集模块供电不满足需求（如采集模块独立供电）的情况下，也可以考虑通过IO端口对设备的总启停信号进行采集检测。

根据设备总启停回路中的控制开关信号判断，这些控制开关包括主断路器、主接触器、空气开关、按钮开关等，如图3-1-5所示；或选取与设备总启停控制开关相关联的控制回路开关信号判断，如测量回路、继电保护回路或信号回路的继电器、指示灯等信号。

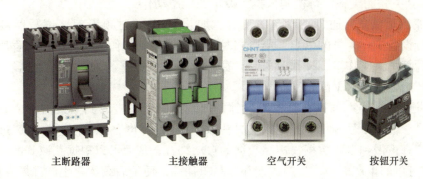

图 3-1-5

本项目采集启停信号采用根据设备启停控制开关或关联电路的控制开关信号判断,获取信号为开关触点闭合/断开信号、电压转换信号。信号为"1"表示该设备/负载处于"开启/运行"状态;信号为"0"表示该设备/负载处于"关闭/停止"状态。

(2)采集作业信号 作业信号(生产执行信号)即设备电气控制系统中能够代表设备处于作业状态的相关信号。此信号的变化能够准确地反映设备在执行生产动作,且信号变化频次与生产执行频次为正比例关系,如注塑机的射胶信号、冲压机的冲头滑块下压信号等。采集作业信号有以下两种方式。

1)根据设备的电气控制回路/辅助电气控制回路开关信号判断,如中间继电器、时间继电器、按钮开关等。

需要获取如下信号:开关触点闭合/断开信号、电压转换信号。信号为"1"表示其关联控制的设备/负载处于"开启/运行"状态;信号为"0"表示其关联控制的设备/负载处于"关闭/停止"状态。

2)加装开关传感器判断设备作业的执行状态。有些设备的生产执行动作是纯机械控制的,如手动控制的冲压机、装配线、立式钻床等。这些设备没有相关的电气信号可采集,可考虑在设备执行机构的合适位置加装开关传感器检测设备执行动作的状态,再将开关信号对接到采集器进行信号获取。

设备执行机构动作信号的检测是通过设备执行了某一动作或触发了某一状态进行判断的。通常通过加装行程开关、磁接近开关、光电开关、微动开关等方式进行监测判断,如图 3-1-6 所示。

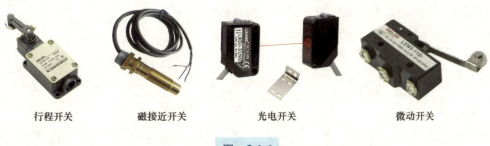

图 3-1-6

本项目采集作业信号是采用加装开关传感器的方式,获取信号为各开关触点或感应模块的闭合/断开信号。信号为"1"表示其关联的设备执行机构执行了设定的生产动作;信号为"0"表示其关联的设备执行机构未执行设定的生产动作。

（3）采集人员信息　通过在设备工位处，加装 RFID（射频识别）读写器接入到采集器，读取负责设备操作人员的信息，用以实时获取当前设备操作人员与生产过程所关联的业务信息，可计算员工工作量、操作时长等，真正做到设备数据与人员业务数据的自动结合，达到提高生产运营管理水平的目的。

（4）采集产品信息　通过在设备工位处，加装扫码枪并接入到采集器，读取设备所加工的产品单号、任务单号等信息，用以实时获取当前产品信息/订单信息与生产过程所关联的业务信息，真正做到设备数据与产品数据的自动结合，从而可以根据获取到的信息精确计算分析产品/订单的生产成本、生产周期和产品单耗等，便于后续优化生产计划安排。

（5）采集关键参数　在工业现场的数据采集场景中，经常通过外加传感器，采集并监测生产设备的关键参数，如外加温度传感器监测设备的轴承温度，外加电流互感器监测设备的运行电流，外加速度传感器监测部件的运转速度等。经过现场调研，本项目需要外接温度传感器和电流互感器，检测生产设备的电动机工作温度和运行时的电流。

6. 确认实施时间

在实际工业现场中，企业的生产通常都是提前计划的，不能随意停机。因此，在进行安装之前，需要与现场设备的操作人员或操作班长确认设备停机时间。通常实施安装之前需要先做布线准备工作。正常情况下，现场实施工程师需要设备停机用以实施接线的时间为10min 左右，如果仅需要采集开关电源信号，则需要停机的时间会更短。

3.1.4　思考与练习

1. 选择题

（1）如果使用采集器＿＿＿＿联网方式，需要在客户设备现场确认移动网络的覆盖情况。

A. 4G　　　　　　　　　　　　B. 以太网
C. RS485　　　　　　　　　　 D. 光纤

（2）若设备电气控制柜中没有匹配的开关电源可以给采集模块供电，则可以给采集模块供电的方法有哪些？（　　　）（多选）

A. 放弃供电　　　　　　　　　B. 使用电源适配器
C. 加装开关电源　　　　　　　D. 重新改造设备电气控制柜
E. 更换生产设备

（3）如果把 IO 采集器安装在配电柜内，需要确认配电柜内是否有空余的卡轨（标准35mm 卡轨），若无空余卡轨则需要采用什么解决办法？（　　　）

A. 另外安装卡轨来安装采集器
B. 去掉配电柜内的一些器件
C. 放弃安装
D. 把采集器外挂在配电柜外

2. 判断题

（1）采用 IO 采集方式时，需要确认客户现场的生产设备的主回路电源及控制回路电源，主要目的是确认设备的供电电压，以选取合适的信号转换附件。（　　　）

（2）在规划 IO 采集方案之前，不需要到客户现场确认采集器的安装位置，直接过去安装即可。（　　　）

（3）在 IO 采集方案中，一些小型或简易的生产设备无配电柜或配电柜位置狭小，则需要考虑外加配电柜来安装采集器等硬件。（　　）

3. 思考题

R 公司小韩在规划 IO 采集方案之前，在甲方客户现场调研时询问该工厂的生产计划是怎么安排的，一般在什么情况下停机。请问，小韩为什么问这个问题？

任务 3.2　设备建模及配置采集器

3.2.1　任务说明

【任务描述】

F 集团已经通过了唐工提交的生产数据采集实施方案，唐工吩咐小韩，为了节省差旅成本，先在本公司完成创建物模型和物实例、配置采集器参数等调试工作，然后再到甲方生产现场安装设备。

在本任务中，小韩需要在工业互联网平台上创建工业设备的物模型和物实例，由于本任务使用的采集器（根云小智）是通过直连方式与工业互联网平台通信的，因此无须创建网关物模型，也无须注册网关物实例。

注册设备物实例后，生成认证标识和认证密钥，用于配置采集器与工业互联网平台的通信参数。把采集器的"中心服务""串口""IO 应用"等模块的参数配置完成之后，下发到采集器，通信没问题后，即完成了安装前的调试工作。

【学习导图】

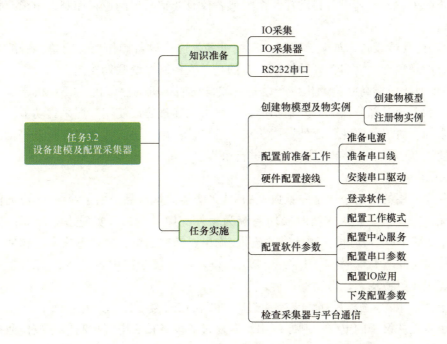

【任务目标】

知识目标

1) 了解 IO 采集的使用场景。
2) 了解本任务中使用的 IO 采集器的结构外观。
3) 了解 RS232 串口。
4) 熟悉 IO 采集器的 IO 应用配置对采集数据的影响。

技能目标

1) 能注册直连方式的设备物实例。
2) 能完成 IO 采集器的硬件配置接线。
3) 能根据配置调试需求,准备相应的调试工具和软件。
4) 能完成 IO 采集器的参数配置。
5) 能完成 IO 采集器的参数下发。

3.2.2 知识准备

1. IO 采集

IO 采集方式一般是从制造企业最核心的物联采集需求出发,绕开控制系统和协议的高门槛,实现低门槛、小投入、广覆盖的设备物联接入,可以解决物联采集协议对接难度大、门槛高、费用高、无协议等问题。主要适用于以下几类设备的物联采集场景需求。

1) 传统的生产加工设备,如普通锻压设备(手动冲压机、油压机、普通压力机等)、普通金属切削机床(车床、铣床、磨床、刨床)、铸造设备、起重设备、折弯机等。此类设备控制电路简单,一般都没有自动控制系统或者仅有非常简单的逻辑控制,也没有设备数据的采集端口。

2) 单一的动能设备,如泵、风机、压缩机等。这类设备操作控制简单,一般是只有启停控制,有的是独立手动启停开关控制,有的是并入控制系统联动控制。

3) 协议对接门槛高的自动化生产设备,如自动冲压机、注塑机、CNC 机床等。此类设备有自动控制系统及部分数据的采集功能,一般可以通过协议使用数据采集功能。但是如果出现协议未知、协议需要花费额外费用购买、端口被占用、协议转换比较复杂等情况,则也可以选择使用 IO 采集方式绕开协议对接进行采集。

2. IO 采集器

本任务中使用的根云小智是一款典型的 IO 采集器。该产品采用工业级 32 位通信处理器和工业级无线模块,以嵌入式实时操作系统为软件支撑平台,可实现边缘计算;提供 2 路 ADC 接口,3 路 IO 接口,可实现数字量输入/输出、脉冲输出、模拟量输入、脉冲计数等功能;同时提供 1 路 RS232 接口,1 路 RS485 接口,可直接连接串口设备,实现业务数据对接;支持宽电压电源输入,低功耗设计。

根云小智采用 4G 通信网络,支持通过 MQTT 协议直接上传工业互联网平台。

根云小智是从设备的电气控制原理出发,通过对设备核心电气控制信号或作业执行信号的采集与边缘计算,来判断设备的运行状态,统计生产次数,计算作业周期、判断故障报警等;并可通过串口来采集生产业务信息,与设备的物联信息做关联计算;进而可以在平台端实现设备作业状态呈现、启停作业时长统计、设备产量统计,以及对设备的利用率、作业率、产能趋势进行统计分析等功能。

根云小智的外观如图 3-2-1 所示,其接口和信号灯说明分别见表 3-2-1 和表 3-2-2。

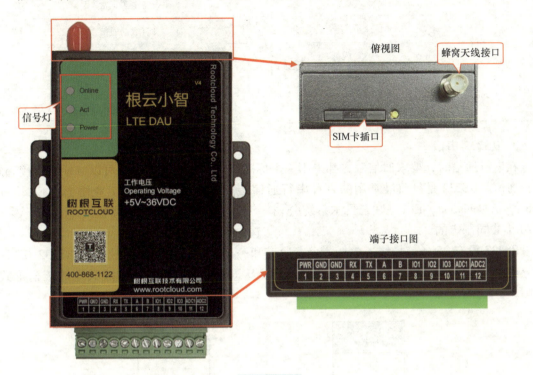

图 3-2-1

表 3-2-1

接口编号	接口名称	默认基础功能	参数
1	PWR	电源输入正极	DC5~36V
2	GND	系统地/电源负极	DC0V
3	GND	系统地/信号 COM 口	DC0V
4	RX	RS232 数据接收	无
5	TX	RS232 数据发送	无
6	A	RS485 通信接口正极	无
7	B	RS485 通信接口负极	无
8	IO1	GPIO,可检测干节点信号和 3.3V 开关量信号;可输出 3.3V 开关量信号	干接点信号;3.3V 高电平信号
9	IO2	GPIO,可检测干节点信号和 3.3V 开关量信号;可输出 3.3V 开关量信号	干接点信号;3.3V 高电平信号
10	IO3	GPIO,可检测干节点信号和 3.3V 开关量信号;可输出 3.3V 开关量信号	干接点信号;3.3V 高电平信号
11	ADC1	模拟量输入功能	4~20mA 电流
12	ADC2	模拟量输入功能	4~20mA 电流

表 3-2-2

信号灯	状态	说明
Power	灭	设备未通电
	亮	设备电源正常
Act	灭	没有数据通信
	闪烁	正在数据通信
Online	灭	设备与云端服务器无通信
	亮	设备与云端服务器正常通信

3. RS232 串口

在串行通信时，要求通信双方都采用一个标准接口，使不同的设备可以方便地连接起来进行通信。RS232 是目前最常用的一种串行通信接口，是由美国电子工业协会（Electronic Industry Association，EIA）联合贝尔系统公司、调制解调器厂家及计算机终端生产厂家于 1970 年共同制定的。

RS232 设有 25 条信号线，包括一个主通道和一个辅助通道。工业控制的 RS232 接口一般只使用 RXD（接收线）、TXD（发送线）、GND（接地线）3 条线构成共地的传输形式，如图 3-2-2 所示。

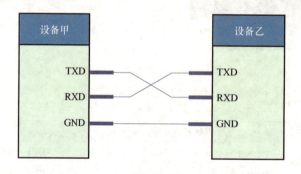

图 3-2-2

3.2.3 任务实施

1. 创建物模型及物实例

（1）创建物模型

1）登录根云平台，参考"1.5.3 任务实施"中的操作步骤创建新的设备物模型，名称可自定义，本例模型名称的"工业生产设备（IO 采集）"，如图 3-2-3 所示。

3.2-1 创建物模型和物实例

2）物模型创建完成后，通过"批量添加"的方式添加物模型属性，如图 3-2-4 所示。选择本书配套资源中的"工业生产设备（IO 采集）属性表 3.3"Excel 文件，如图 3-2-5 所示，单击"确定"按钮，完成物模型属性的添加。

项目3 生产管理数据采集

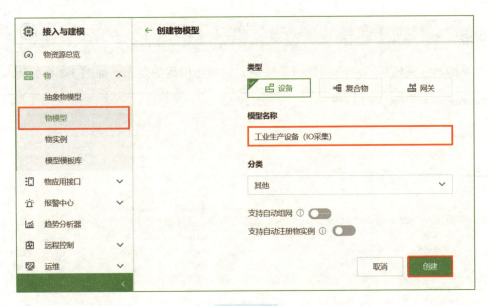

图 3-2-3

图 3-2-4

图 3-2-5

> 说明：也可以通过手动添加的方式完成物模型属性的添加。

3）添加属性完成后，单击"发布"按钮，完成物模型的发布，如图3-2-6所示。

图 3-2-6

（2）注册物实例

1）选择"接入与建模"导航栏中的"物实例"节点，单击"注册"按钮，如图3-2-7所示。

图 3-2-7

2）在弹出的"注册物实例"对话框中，按照图3-2-8所示步骤输入对应的信息。
① "选择模型"可设置为本任务中创建的"工业生产设备（IO采集）"。
② "实例名称"可自定义。
③ "物标识"可采用设备序列号，也可按照一定的规则自定义。
④ "标签"可选填。

⑤ "连网方式"设置为"直接连接"。
⑥ "连接信息"设置为"密钥认证"。
⑦ 选择"随机生成"认证标识。
⑧ 选择"随机生成"认证密钥。
⑨ 单击"注册"按钮,完成注册。

图 3-2-8

3)完成注册的物实例如图 3-2-9 所示,由于还未与 IO 采集器建立通信,因此物实例处于未激活状态。

图 3-2-9

2. 配置前准备工作

（1）准备电源　根云小智的工作电压为 5～36V 直流电。本任务配置 IO 采集器参数使用的电源，建议使用标配的 12V-1A 电源适配器（图 3-2-10）或开关电源。

（2）准备串口线　本任务使用 USB 转 DB9 针母头 RS232 串口线，如图 3-2-11 所示。

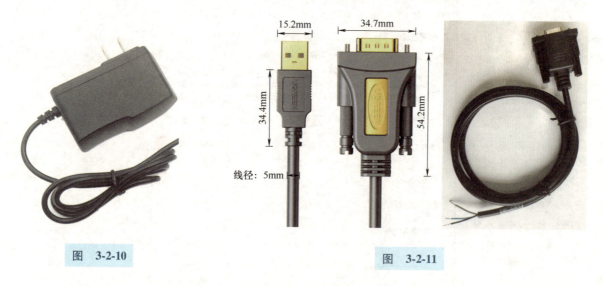

图 3-2-10　　　　　　　　　　　　　　图 3-2-11

（3）安装串口驱动　USB 转 RS232 串口线在部分计算机上初次使用时需要安装串口驱动方可使用。

1）打开"系统"面板中的"设备管理器"界面，选择"USB Serial Port"，单击鼠标右键，选择快捷菜单中的"更新驱动程序（P）"，如图 3-2-12 所示。

2）在弹出的窗口中，选择"浏览我的计算机以查找驱动程序软件（R）"，如图 3-2-13 所示。

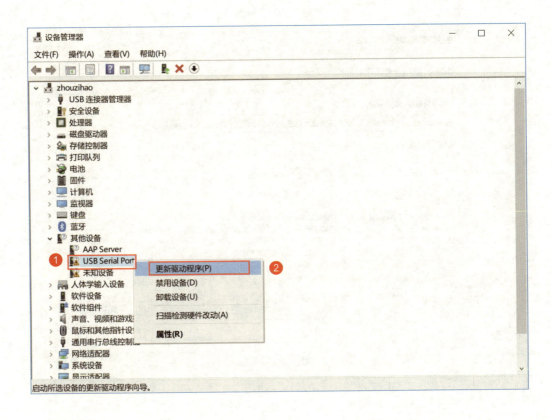

图 3-2-12

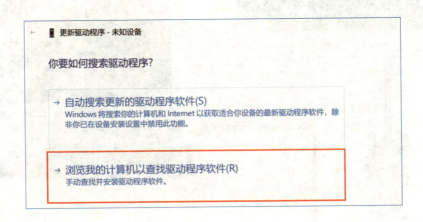

图 3-2-13

3）在弹出的窗口中，选择本书配套的"RS232 串口驱动"，如图 3-2-14 所示。然后单击"下一页"按钮，完成安装。

3. 硬件配置接线

用计算机进行参数配置前，需要把根云小智与计算机进行通信接线，接线示意图如图 3-2-15 所示。

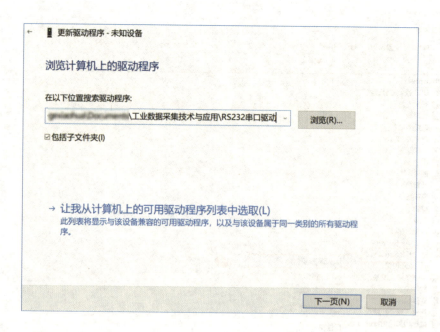

图 3-2-14

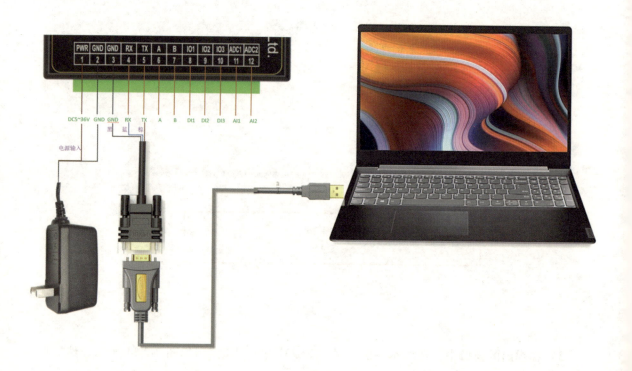

图 3-2-15

4. 配置软件参数

（1）登录软件

1）双击打开本书配套的根云小智采集器的配置工具软件，如图 3-2-16 所示。

3.2-2 配置软件参数

图 3-2-16

2）在弹出的配置工具软件页面中，单击"打开"按钮，如图 3-2-17 所示。注意：如果计算机已经与根云小智正常通信，则在配置工具软件页面中会自动出现计算机识别到的 COM 口；如果没有正常通信，则"串口号"栏是空白，需要检查有没有安装串口驱动或者通信线是否有问题。

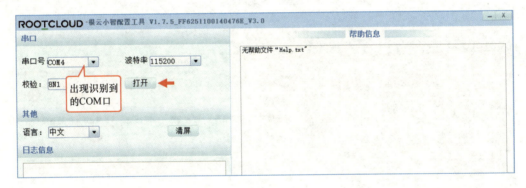

图 3-2-17

3）打开串口之后，单击"登陆配置"按钮，如图 3-2-18 所示。

4）登录之后，单击"→"──"操作"按钮，再单击"恢复出厂"按钮，如图 3-2-19 所示。

> **说明**：如果是第一次配置，可使用出厂配置；如果不是第一次配置，则可以单击"读取配置"按钮获取上次配置的参数信息。

（2）配置工作模式　本步骤主要是配置 IO 采集器与物实例的对应关系。恢复出厂设置后会切换到"工作模式"选项卡，如图 3-2-20 所示，把本任务注册的"工业生产设备（IO 采集）001"物实例的认证标识输入"Client ID"和"用户名"文本框中，"密码"文本框中输入认证密钥；其他参数无需更改。

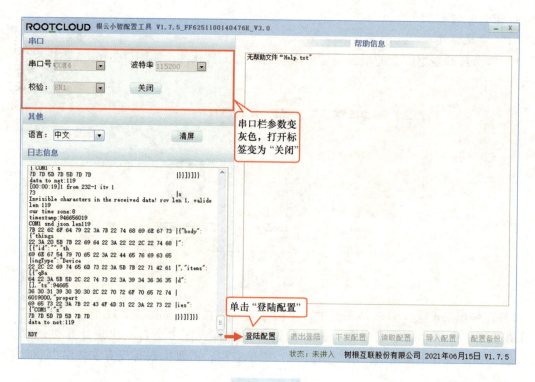

图 3-2-18

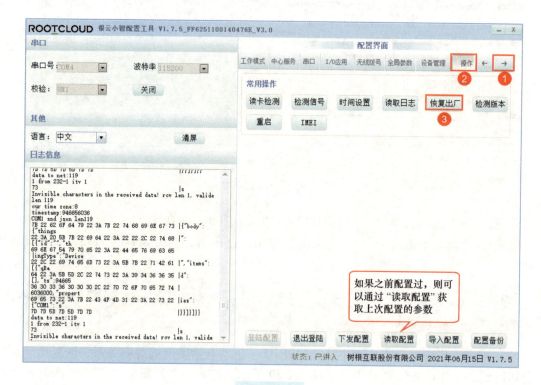

图 3-2-19

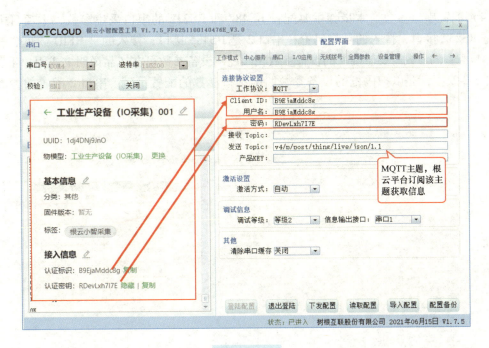

图 3-2-20

> 说明:"工作模式"选项卡中的"调试等级"包括3个选项,其作用分别如下。
> 1) 关闭:不能进行串口调试,即不可监测也不可修改。
> 2) 等级1:表示只能通过串口监测数据,而不能修改。
> 3) 等级2:表示可以用串口工具监测数据且能修改。

(3) 配置中心服务 本步骤主要是配置 IO 采集器与工业互联网平台的通信参数。切换到"中心服务"选项卡,在"主服务器"文本框中输入根云平台的服务器地址"mqtt-broker.rootcloud.com","端口"为"1883",其他参数不变,如图 3-2-21 所示。如果采集的数据转发到其他工业互联网平台,则输入对应平台的服务地址和端口即可。

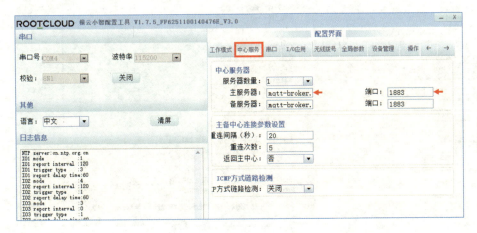

图 3-2-21

（4）配置串口参数　本步骤主要配置 RS485 和 RS232 的串口采集参数，本项目中的串口 1 是 RS232 接口，接入的是扫码枪；串口 2 是 RS485 接口，接入的是 RFID 读写器。

串口配置的参数需要与接入的设备参数相匹配，设备参数可在产品说明书或用户手册中获取。图 3-2-22 所示是以扫码枪的设备参数匹配串口参数的配置示例，串口 2 配置的参数与此类似。

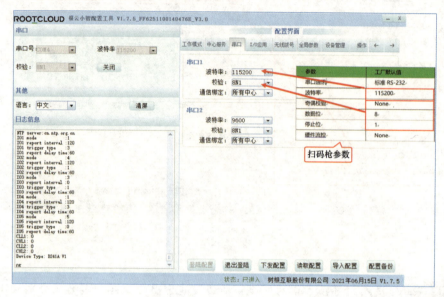

图 3-2-22

（5）配置 IO 应用　在本任务中，IO 采集器的"I/O 应用"配置如图 3-2-23 所示。

3.2-3 配置IO应用

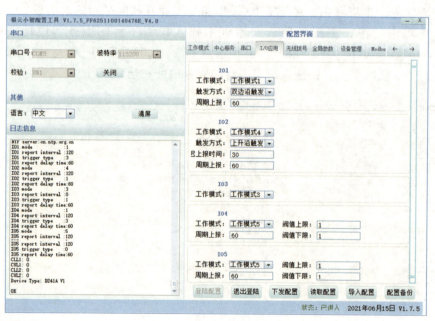

图 3-2-23

针对每个 IO 的配置参数的介绍如下。

1）IO1 端口在本任务中主要用来采集设备的总启停信号，也可以根据实际需求设置采集内容。IO1 端口的设置如图 3-2-24 所示。

图 3-2-24

①"工作模式"：设置为"工作模式 1"，上报信号值。

②"触发方式"：设置为"双边沿触发"，上升沿（0→1）上报"1"，下降沿（1→0）上报"0"。

③"周期上报"：设置为"60"（单位：s），可根据实际需求设置数值。

以上设置将采集的数据上报到工业互联网平台的规则为：设备总启停信号变动时，立刻触发上报信号值，即上升沿（0→1）上报"1"，下降沿（1→0）上报"0"；当信号无变动时，则从上一次上报时刻计时，达到 60s 触发上报，上报当前的采集值，此为周期上报。IO1 端口的上报规则示意图如图 3-2-25 所示。

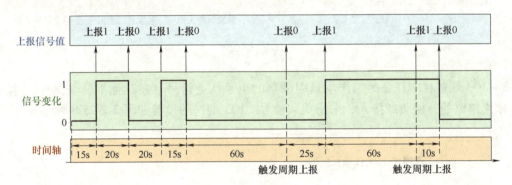

图 3-2-25

2）IO2 端口在本任务中主要用来采集设备的作业信号（执行信号），也可以根据实际需求设置采集内容。IO2 端口的设置如图 3-2-26 所示。

图 3-2-26

①"工作模式"：设置为"工作模式 4"，上报信号值和计数值。在该设置下，根云小智会对采集的数据做边缘计算，使得采集一路作业信号能上报两种数据，分别为作业信号值和

作业次数计数值。

②"触发方式":设置为"上升沿触发"。

③"延迟上报时间":设置为"30"(单位:s),可根据实际需求设置数值。

④"周期上报":"60"(单位:s),可根据实际需求设置数值。

上报作业信号规则为:作业信号为上升沿(0→1),立即触发上报并作为首要上报规则;如果为下降沿(1→0),则启动计时,达到延时上报时间设定值时,无任何上升沿出现则上报"0",此为延时上报并作次要上报规则。此外,周期上报作为最后规则,若信号无变动,则从上一次上报时刻计时,达到60s触发上报,上报当前的采集值。IO2端口的上报规则示意图如图3-2-27所示。

上报作业次数规则为:选择"工作模式4"时,会对此端口的上升沿进行次数统计,即每次上升沿(0→1)触发一次计数,可以用来统计生产次数,累计的次数会随着状态一同上报。

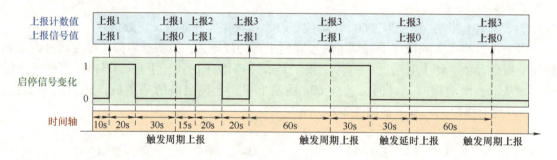

图 3-2-27

3)IO3端口在本任务的工作场景中采集的也是作业信号,在其他工业场景中,本端口可以作为单路的一路负载接入,采集负载信号。IO3端口的设置如图3-2-28所示。

图 3-2-28

"工作模式"设置为"工作模式3",上报信号值和生产节拍值。在该设置下,根云小智会对采集的数据做边缘计算,使得采集一路作业信号能上报两种数据,分别为作业信号值和作业周期值。

上报作业信号的规则为:作业信号变动时,立刻触发上报信号值,即上升沿(0→1)上报"1",下降沿(1→0)上报"0"。"工作模式3"不含周期上报,其上报作业信号的规则如图3-2-29所示。

上报生产节拍的规则为:选择"工作模式3"时,会对此端口本次上升沿触发时间点距上一次上升沿触发时间点之间的时间间隔进行计时,该计时时长可作为产品的生产节拍(也称生产周期),单位为s。

4)IO4端口主要用于采集传感器数据。本任务中的该端口接入温度传感器,采集温度值,其配置如图3-2-30所示。

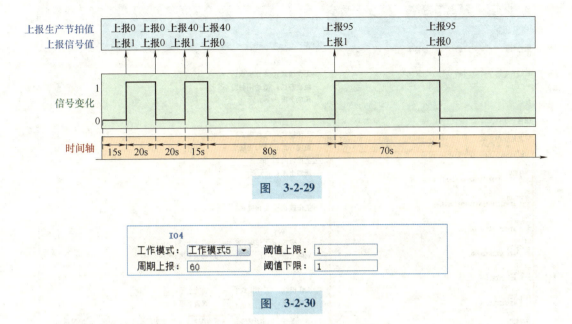

图 3-2-29

图 3-2-30

① "工作模式": 设置为 "工作模式 5", 上报模拟信号值。

② "阈值上限": 设置为 "1"（%），将采集到的模拟数据与前一次上报的数据进行对比，当比值大于 1% 时立即上报，可根据采集的数据需要达到的精确度来设置数值，值越低精确度越高。

③ "阈值下限": 设置为 "1"（%），将采集到的模拟数据与前一次上报的数据进行对比，当比值小于 1% 时立即上报，可根据实际需求设置数值。

④ "周期上报": 设置为 "60"（单位：s），距离上一次上报计时 60s，其间数据变化没有超过阈值也上报当前值，可根据实际需求设置数值。

这种阈值上报结合周期上报的规则，避免了以下两种情况：当采集上报周期设置过长时，无法采集捕捉到在短时间内急剧变化的波动数据，如冲击性作业或设备异常产生的温度或电流波动；当采集上报周期设置过短时，则会采集上报大量的数据，可能会造成由于数据拥堵导致的数据掉包、数据流量耗费大、数据占用存储空间大等情况。

5）IO5 端口主要用于采集传感器数据。本任务中的该端口接入电流互感器，采集电流值，其配置参考 IO4 端口。

（6）下发配置参数　完成配置后单击 "下发配置" 按钮，对应的左侧 "日志信息" 会显示 "保存成功"，如图 3-2-31 所示。配置参数下发之后，需要退出登录且关闭串口，如图 3-2-32 所示，然后重启根云小智。至此，IO 采集器根云小智配置部分完成。

> 说明：配置状态下，若长时间（超过 5min）没有配置操作，则根云小智会自动进入到通信模式，此时需要重启设备再次进入配置模式。

5. 检查采集器与平台通信

根云小智重启之后，检查 "Online" 状态灯是否亮起，如果亮绿灯，则表示其与根云平台通信成功；检查根云平台上的物实例是否在线，物实例在线如图 3-2-33 所示，表示根云小智与物实例建立了通信关系，至此本任务的工作全部完成。

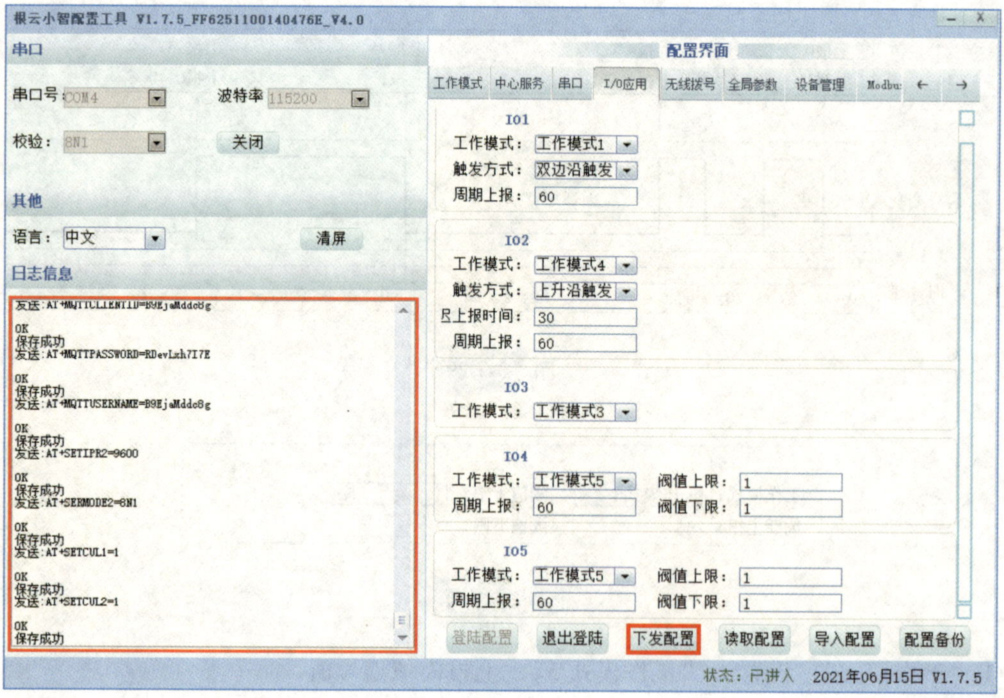

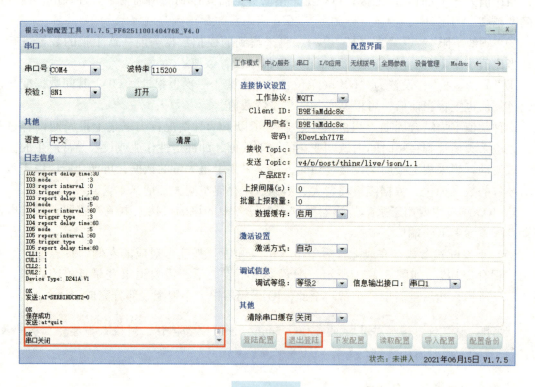

图 3-2-31

图 3-2-32

如果物实例没有在线，则需检查配置采集器工具软件中的"工作模式"和"中心服务"是否配置正确。

图 3-2-33

3.2.4 思考与练习

1. 选择题

（1）通过直连方式与工业互联网平台通信的设备，无须创建网关模型，也无须注册（   ）。

　　A. 设备物实例　　　　　　　　　　B. 认证标识
　　C. 网关物模型　　　　　　　　　　D. 网关物实例

（2）某些传统的加工设备控制电路简单，一般都没有自动控制系统或仅有非常简单的逻辑控制；也没有设备数据的采集端口，适合使用（   ）采集方式。

　　A. 网关　　　　　　　　　　　　　B. 系统对接
　　C. IO　　　　　　　　　　　　　　D. 以上都不合适

（3）IO 采集器根云小智的工作电压为 5~36V 直流电，以下哪种电源电压适合作为其供电电源？（   ）

　　A. 220V 交流电　　　　　　　　　B. 24V 直流电
　　C. 380V 交流电　　　　　　　　　D. 48V 直流电

（4）图 3-2-34 所示为根云小智的端口，以下说法错误的是（   ）。

图 3-2-34

　　A. PWR 端口用于电源负极输入

　　B. RX 端口用于 RS232 数据接收

　　C. ADC1 端口用于模拟量输入

　　D. TX 端口用于 RS232 数据发送

2. 判断题

（1）工业控制的 RS232 接口一般只使用 RXD（接收线）、TXD（发送线）、GND（接地线）3 条线构成共地的传输形式。（　　）

（2）在串行通信时，不需要通信双方都采用一个标准接口，也能方便地进行连接通信。（　　）

（3）在 IO 采集器根云小智的串口配置中，不管配置什么设备，波特率和校验都是固定设置，不可以更改。（　　）

（4）IO 采集器根云小智重启之后，检查"Online"状态灯是否亮起，如果亮绿灯，则表示其与根云平台通信成功。（　　）

任务 3.3　安装 IO 采集器及配件

3.3.1　任务说明

【任务描述】

小韩在公司完成了对 IO 采集器的配置后，唐工安排资深实施工程师张工带着小韩到 H 集团的二号工厂开始实施 IO 采集器及其配件（温度传感器、电流互感器等）的安装调试工作。

在本任务中，小韩需要按照安装布线实施规范完成以下内容：制作信号线和电源线；根据接线示意图，分别完成 IO 采集器的供电接线、启停信号采集接线、作业信号采集接线、扫码枪和扫描仪的接线等，全部接线完成后，需要对安装好的能源采集仪表进行通电测试，检验安装是否正确。

【学习导图】

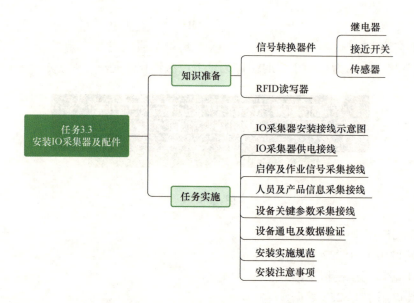

【任务目标】

知识目标

1) 了解信号转换器件的作用和类别。
2) 了解继电器、接近开关、传感器的作用。
3) 了解 RFID 读写器的作用和使用场景。
4) 熟悉安装布线的实施规范。
5) 熟悉安装布线的注意事项。

技能目标

1) 能读懂 IO 采集器的接线示意图。
2) 能根据接线示意图对 IO 采集器进行供电接线。
3) 能正确完成设备启停信号、作业信号等的采集接线。
4) 能正确把 RFID 读写器、扫码枪接入 IO 采集器。

3.3.2 知识准备

1. 信号转换器件

设备的电气控制信号或机构执行信号有多种类别，主要有电压信号、干接点信号、电流信号、光信号、振动信号、磁信号等。这些信号不能直接被 IO 采集器监测识别，所以就需要通过一些元器件进行信号的转换或做信号的隔离处理，转换成 IO 采集器可采集的标准 IO 信号。这些对信号进行转换或隔离处理的器件称为信号转换器件。

可以用作信号转换器件的电气产品有各类继电器、接近开关、行程开关、光电开关、电流互感器、光感应开关、振动开关等，可以根据不同的场景需求进行组配，与 IO 采集器一起对现场数据进行采集。

本书介绍几种常用的信号转换器件，其他比较特殊的转换器件可根据实际的物联采集需求进行选配。

（1）继电器　继电器是最为常用的进行信号转换和隔离的转换器件，可精准有效地将设备控制中的电压信号转换成干接点信号，又不会干扰原有电气控制回路的正常运行。图 3-3-1 所示为继电器实物图。

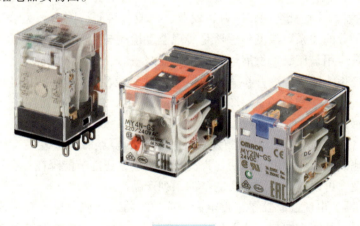

图 3-3-1

继电器实质上是一种电压继电器，当继电器电路中通电时，其内部产生的电磁力会让动铁心贴合，从而启动触点，让继电器的常闭触点能够分开，而常开触点能够闭合。当继电器电路断电之后，其内部弹簧会发挥作用，让动触点复位。

（2）接近开关　接近开关又称无触点接近开关，是理想的电子开关量传感器。当被检测体接近其感应区域时，开关就能无接触、无压力、无火花地迅速发出电气指令，准确反映出运动机构的位置和行程。

IO采集方案主要利用接近开关的功能特性，用于监测手动或半自动设备的纯机械控制机构所执行的生产动作，如手动冲床的冲压执行动作采集、生产线上产品的采集等，将机构动作的信号转换成干接点信号或带压电信号传给IO采集器，进而对设备进行作业状态判断及生产计数。

常见的接近开关有无源接近开关、电感式接近开关（金属物体检测）、电容式接近开关（不限于导体）、光电式接近开关（遮挡检测）等。本书主要介绍无源接近开关。

无源接近开关不需要电源，通过磁力感应控制开关的闭合状态。当磁质或者铁质触发器靠近开关磁场时，与开关内部磁力作用，控制开关闭合。无源接近开关的特点是不需要电源、非接触式、免维护和环保，常用于执行机构的旋转检测、往复动作检测等。其开关的信号线刚好是无源的干接点信号线，可直接提供给本任务的采集模块使用。图3-3-2所示为IO采集方案中比较常用的干簧管式无源接近开关。

图　3-3-2

（3）传感器　传感器是能感受规定的被测量并按照一定的规律（数学函数法则）转换成可用信号的器件或装置，通常由敏感元件和转换元件组成。本书主要介绍温度传感器和电流互感器。

1）温度传感器。人类社会中，工业、农业、商业、科研、国防、医学及环保等领域都与温度有着密不可分的关系。温度传感器是实现温度检测与控制的重要器件，在各类传感器中，温度传感器是应用最广泛、发展最快的传感器之一。

温度传感器是指能感受温度并将其转换成与温度呈线性关系的可用输出信号的传感器，广泛应用于车间、库房等测量场景。图3-3-3所示为pt100温度传感器探头（敏感元件）和温度变送器（转换元件）。

在工业生产自动化流程中，温度测量点要占全部测量点的50%左右。例如，在钢铁冶炼过程中，准确地控制冶炼温度可以明显提高产品质量，还能节能降耗；在石油炼化厂，准确地控制裂解温度，可以得到不同品质的柴油系列产品。

2）电流互感器。电流互感器是依据电磁感应原理将一次侧大电流转换成二次侧小电流来进行测量的仪器，其实物图如图3-3-4所示。在计量、测量、继电保护等二次回路中广泛

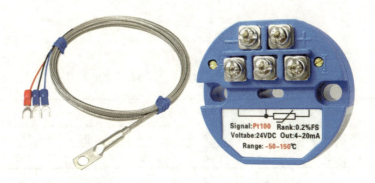

图 3-3-3

运用电流互感器,在大电流或者高电压的场合无法直接用电流表来测量回路的电流大小,只能通过电流互感器的二次侧去测量,这样才会安全。

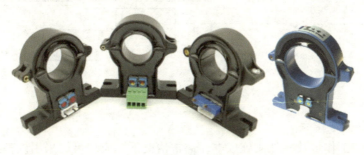

图 3-3-4

2. RFID 读写器

RFID 读写器是一种通过发送和接收无线电波以便与 RFID 标签进行通信的设备,可以自动识别目标对象进行物品追踪和数据交换,如图 3-3-5 所示。

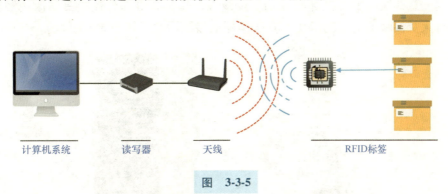

图 3-3-5

RFID 技术可识别高速运动的物体并可同时识别多个标签,操作快捷方便。长距射频产品多用于交通上,识别距离可达几十米,如自动收费或识别车辆身份等。短距离射频产品不怕油渍、灰尘污染等恶劣的环境,可在这样的环境中替代条码,如用在工厂的流水线上跟踪物体。

工业 4.0 的概念提出后,RFID 在制造业得到了广泛的应用,在生产环节,代替条码扫描,实现自动采集数据;在物料拉动环节,配合 AGV 小车运输;在仓库环节,管理货物进出、盘点等。

3.3.3 任务实施

1. IO 采集器安装接线示意图

图 3-3-6 所示为本任务使用的 IO 采集器根云小智的接线示意图。

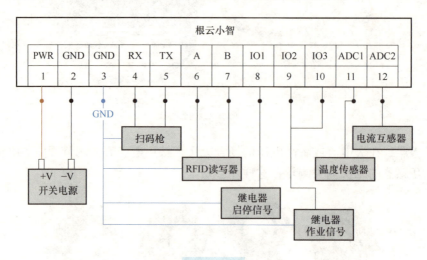

图 3-3-6

2. IO 采集器供电接线

为了减少安装工作量及降低实施成本,通常情况下,应尽可能采用设备的内部开关电源给采集模块供电。一般设备配电柜中的开关电源都是 24V 直流电,但也有一部分是 12V、36V 或 48V 的直流电,所以一定要确认清楚后再接线,可以参照"任务 1.3"中的测量供电电压的操作步骤确认本任务中的供电电压。

建议采用开关电源的空余端子进行引线。若端子已全部被占用,也可以考虑与其他端子并线。但要注意并线时不要破坏其他端子及线缆,端子导电部分连接要确保接触充分、稳固,避免打火及接触不良情况出现。IO 采集器的接线示意图如图 3-3-7 所示。

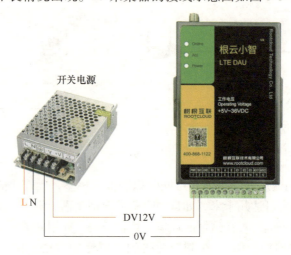

图 3-3-7

项目 3 生产管理数据采集

3. 启停及作业信号采集接线

本项目场景中,在带压控制信号输出端选取合适的继电器进行加装。供电线路给继电器线圈供电,采集器获取继电器常开触点信号。启停及作业信号采集接线示意图如图 3-3-8 所示。

4. 人员及产品信息采集接线

本项目采集的人员信息和产品信息,主要是通过根云小智用扫码枪和 RFID 读写器获取,其接线示意图如图 3-3-9 所示。

5. 设备关键参数采集接线

本项目主要采集的设备关键参数是关键部件的温度和电流,其接线示意图如图 3-3-10 所示。

6. 设备通电及数据验证

当所有的安装接线完成并确保无误之后,打开工作站设备电源,让设备和 IO 采集器处于正常运行状态;之后登录根云平台,打开"任务 3.2 设备建模及配置采集器"中创建的"工业生产设备(IO 采集)"物实例,检查物实例是否在线,属性是否能正确显示数据等,如图 3-3-11 所示。

7. 安装实施规范

1)在设备配电柜内部安装 IO 采集器,所有线缆需要按照原配电柜中的布线规范走线槽。有些地方为了线束更加归整,需要用扎带扎紧线束。

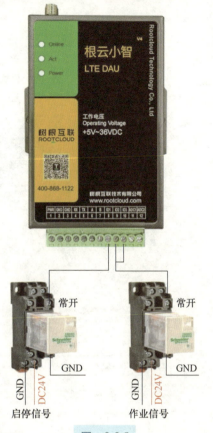

图 3-3-8

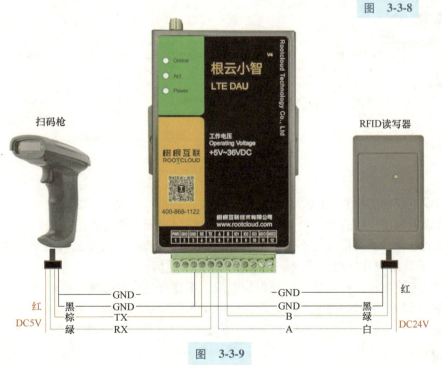

图 3-3-9

177

2）若IO采集器及转换器件需要安装在设备配电柜外部，需要配备专用PC配电箱，外部引线需要加装电缆保护套管，不可将线缆直接裸露在外。

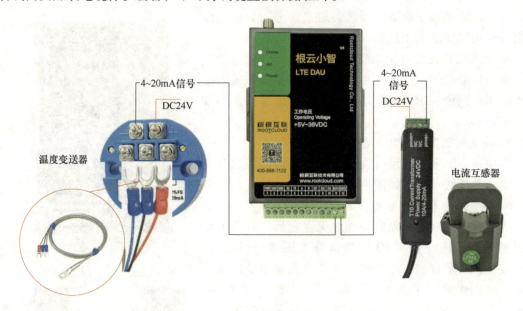

图 3-3-10

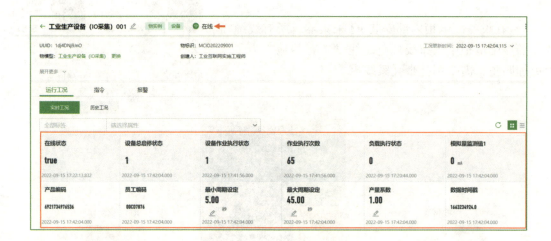

图 3-3-11

3）敷设电缆前应检查电缆型号、规格、长度等是否符合设计要求。

4）敷设电缆前应检查电缆外观是否良好，电缆保护层不得有破损。

5）强弱电分开。通信线缆不同于电力电缆，电力电缆产生的电磁波会影响通信线缆的通信性能，导致出现数据混乱等现象，从而不能正常通信。

6）敷设电缆不得强拉硬拽，以免损伤电缆；不能有过度的线缆弯曲半径。

7）特殊区域、区段的电缆敷设，应根据施工规范采取相应的保护措施。

8）接线端子应符合GB/T 14048.7—2016和GB/T 14048.8—2016的相关要求，主要包括以下内容。

① 端子应能够与导线可靠导通，并紧固连接、不易松动，确保与导线间能够长期保持必须的接触压力。

② 端子导电性能良好，耐机械应力（压力、扭力等）疲劳、耐磨损、耐锈蚀。

③ 端子与端子排的设计安全可靠、方便操作，能够较好地防止线头间相互触碰以及接线时由于零件（如垫圈、螺母等）跌落而造成的事故。

④ 端子应有清晰、明显的标识；端子外应设安全盖板及明显标识，防止误操作及触电。

⑤ 端子接线部件（如螺栓、垫片、铜鼻等）应配置齐全。

8. 安装注意事项

1) 安装前需要确认开关电源电压。
2) 断电后再进行接线或并线。
3) 信号点和接线端子应核实并确认清楚。
4) 务必确认相电压。
5) 确保端子接触充分，连接稳固。
6) 不建议将 IO 采集器的供电引线直接跟 10 平方以上线缆端子并接，以免对原有线路造成干扰。

3.3.4 思考与练习

1. 选择题

（1）（　　）可精准有效地将设备控制中的电压信号转换成干接点信号，又不会干扰原有电气控制回路的正常运行。

A. 工业网关　　　　　　　　B. 采集器
C. 继电器　　　　　　　　　D. 电流互感器

（2）（　　）是指能感受温度并将其转换成与温度呈线性关系的可用输出信号的传感器，广泛应用于农业、工业、车间、库房等测量场景。

A. RFID 读卡器　　　　　　B. 电流互感器
C. 温度传感器　　　　　　　D. 压力传感器

（3）对于采集器的安装实施规范，以下（　　）是错误的。

A. 敷设电缆不得强拉硬拽，以免损伤电缆
B. 敷设电缆前应检查电缆外观是否良好，电缆保护层不得有破损
C. 在设备配电柜内部安装 IO 采集器，所有线缆不需要按照原配电柜中的布线规范走线槽
D. 外部引线需要加装电缆保护套管，不可将线缆直接裸露在外

（4）RFID 技术在制造业得到广泛的应用，以下哪些场景可以使用？（　　）（多选）

A. RFID 可以在设备操作环节执行远程开机
B. RFID 可以在设备检测过程中自动识别产品缺陷
C. RFID 可以在物料拉动环节配合 AGV 小车运输
D. RFID 可以在仓库环节管理货物进出、盘点
E. RFID 可以在生产环节代替条码扫描

（5）以下哪些是在安装采集器时需要注意的事项？（　　）（多选）

A. 断电后再进行接线或并线

B. 确保端子接触充分，连接稳固
C. 无须断电即可进行安装接线和并线
D. 安装前需要确认开关电源电压
E. 以上说法都对

2. **判断题**

（1）采集器是能感受规定的被测量并按照一定的规律（数学函数法则）转换成可用信号的器件或装置。（　　）

（2）传感器通常由敏感元件和转换元件组成。（　　）

（3）在大电流或者高电压的场合无法直接用电流表来测量回路的电流大小，只能通过电流互感器的二次侧去测量，这样才安全。（　　）

（4）RFID 技术的长距离射频产品多用于交通上，识别距离可达几十米，如自动收费或识别车辆身份等。（　　）

（5）不能为了减少安装工作量及降低实施成本而采用设备的内部开关电源给采集模块供电。（　　）

附 录

附录 A GBox 网关技术参数

类别	项目	参数
硬件参数	连网方式	4G 移动网/以太网
	CPU	NXP i.MX6ULL ARM Cortex-A7，800MHz
	RAM	512 MB DDR3L
	存储	4GB eMMC
	以太网	2 路 100MB 自适应端口
	总线端口	1 路 RS485，1 路 RS232/RS485
	卫星定位	不支持
软件参数	操作系统	嵌入式 Linux
	数据处理能力	1000 点
	远程编程	支持
电气规格	额定电压	DC 24V
	额定功率	≤5W
环境要求	工作温度	−25~55℃
	存储温度	−40~70℃
	工作湿度	10%~90% RH
	振动（工作）	在 2~9Hz 的振动频率下，位移为 1.5mm；在 10~500Hz 的振动频率下，重力加速度为 0.5g
	振动（存储）	在 2~9Hz 的振动频率下，位移为 3.5mm；在 10~500Hz 的振动频率下，重力加速度为 1g
	防护等级	IP40
	电磁兼容	EMC 3 级
	认证	CE、FCC 认证
	冷却方式	自散热
其他参数	机械结构	热浸镀锌板
	整机尺寸	120mm×95mm×30mm
	整机重量	约 400g
	安装方式	导轨式

附录 B 根云小匠技术参数

环境条件	环境温度	−25~70℃	
	贮存温度	−40~85℃	
	相对湿度	5%~95% RH（无冷凝）	
	大气压力	70~106kPa	
	海拔高度	<3000m	
工作电源	电源电压	AC/DC 95~250V，47~440Hz	
	功率消耗	<2W	
电压线路	额定电压（Un）	57.7V L-N/100V L-L，220V L-N/380V L-L	
	测量范围	10~264V	
	启动电压	10V	
	频率	45~65Hz	
	功率消耗	<10VA/相并且<2W/相	
电流线路	额定电流（In）	40mA、2.5mA、5A	
	测量范围	额定 40mA	0.15%In~In
		额定 2.5mA	0.1%In~1.2In
		额定 5A	0.1%In~1.2In
	启动电流	额定 40mA	0.15%In
		额定 2.5mA	0.1%In
		额定 5A	0.1%In
	功率消耗	<0.25VA/相	
	开口CT规格（电流互感器）	额定 40mA	100A/40mA，200A/40mA，400A/40mA，800A/40mA，1600A/40mA
		额定 2.5mA	5A/2.5mA
开关量输入（DI）	2路或4路DI		
	额定电压	DC 24V，内激励	
	事件分辨率	1ms	
开关量输出（DO）	可选2路电磁式继电器输出		
	接通容量	5A 连续，AC 250V/DC 30V	
	分断容量	L/R=40ms	10000 次
		DC 220V	0.1A
		DC 110V	0.3A
		DC 48V	1A
	动作时间	<10ms	
	返回时间	<10ms	

附　录

（续）

剩余电流输入（IR）	电流互感器	可选 1 路 IR（红外线）信号，支持开口或闭口剩余电流互感器	
	测量范围	20mA～2A	
	测量精度	20mA～1A：±1%；1～2A：±2.5%	
温度输入（TC）	温度传感器	可选 4 路 TC，支持 pt100	
	测量范围	-40～200℃	
	测量精度	±1℃	
过载能力	电压线路	1.2 倍额定电压，连续工作；2 倍额定电压，允许 1s	
	电流线路	1.2 倍额定电流，连续工作；10 倍额定电流，允许 10s；20 倍额定电流，允许 1s	
电能脉冲	脉冲常数	10/100/1000/3200imp/kW·h	
	脉冲宽度	80±20ms	
通信接口	RS485	接口类型	RS485，二线方式
		工作方式	半双工
		通信速率	1200/2400/4800/9600/19200/38400bit/s
		通信协议	Modbus-RTU
	GPRS 通信（可选）	频段选择	双频 850/900MHz 和 1800/1900MHz
		最大通道数	1 个
		通信协议	Modbus-RTU、GDW 376.1、MQTT、IoT350
	LoRa 通信（可选）	工作频率范围	470～510MHz
		可设频段	16 个
		通信速率	1200bit/s
		通信协议	Modbus-RTU
	NB-IoT 通信（可选）	运营商	中国电信
		最大通道数	1 个
		通信协议	CoAP、UDP
	4G 通信（可选）	频段选择	TDD-LTE B38/B39/B40/B41
			FDD-LTE B1/B3/B8
			TD-SCDMA B34/B39
			UMTS/HSDPA/HSPA+ B1/B8
			CDMA 1X/EVDO BC0
			GSM/GPRS/EDGE 900/1800MHz
		最大通道数	1 个
		通信协议	Modbus-RTU、IoT350
端子螺钉紧固力矩	端子螺钉紧固力矩	0.5N·m	
外壳防护等级	防护等级	IP51	
污染等级	污染等级	2 级	

（续）

	被测量	最大允许误差级准确度等级	分辨力
准确度	电压	±0.5%	0.001V
	电流	±0.5%	0.001A
	有功功率	±1.0%	0.001kW
	无功功率	±1.0%	0.001kvar
	视在功率	±1.0%	0.001kVA
	功率因数	±1.0%	0.001
	频率	±0.02Hz	0.01Hz
	计算中性线电流	±1.0%	0.001A
	基波电压电流相位	±1°	0.1°
	谐波	B级，GB/T 14549—1993	0.001%
	有功电能	0.5S级，GB/T 17215.321—2008 1级，GB/T 17215.321—2008	0.1kW·h
	无功电能	0.5S级，GB/T 17215.324—2017 2级，GB/T 17215.323—2008	0.1kvar·h
	剩余电流	±2.5%	0.1mA
	温度	±1℃	0.1℃

	试验项目	标准依据	
绝缘性能	绝缘电阻	GB/T 13729—2019，3.6.1（绝缘电阻大于100MΩ）	
	脉冲电压试验	GB/T 4793.1—2007，6.8（峰值6kV，1.2/50μs冲击）	
	交流电压试验	GB/T 4793.1—2007，6.8（有效值2kV，1min）	

	试验项目		标准依据	严酷等级
力学性能	振动试验（正弦）	振动响应试验	GB/T 11287—2000	1级
		振动耐久试验	GB/T 11287—2000	1级
	冲击试验	冲击响应试验	GB/T 14537—1993	1级
		冲击耐受试验	GB/T 14537—1993	1级
	碰撞试验		GB/T 14537—1993	1级

	试验项目	标准依据	严酷等级
电磁兼容性	静电放电抗扰度试验	GB/T 17626.2—2018	4级
	射频电磁场辐射抗扰度试验	GB/T 17626.3—2016	3级
	电快速瞬变脉冲群抗扰度试验	GB/T 17626.4—2018	4级
	浪涌（冲击）抗扰度试验	GB/T 17626.5—2019	4级
	射频场感应的传导骚扰抗扰度	GB/T 17626.6—2017	4级
	工频磁场抗扰度试验	GB/T 17626.8—2006	4级
	振铃波抗扰度试验	GB/T 17626.12—2013	4级
	无线电骚扰限值	GB 9254.2—2021	B级

附录 C　根云小智技术参数

硬件系统	CPU	工业级 32 位通信处理器
	FLASH	1MB
	SRAM	256KB
	ADC	12-bit
接口类型	串口	1 个 RS232 和 1 个 RS485 接口，内置 15kV ESD 保护，串口参数如下。 数据位：5、6、7、8 位 停止位：1、1.5、2 位 校验：无校验、偶校验、奇校验、SPACE 及 MARK 校验 串口速率：1200~230400bit/s
	指示灯	具有电源、通信及在线指示灯
	天线接口	标准 SMA 阴头天线接口，特性阻抗 50Ω
	SIM/UIM 卡接口	标准的抽屉式用户卡接口，支持 1.8V/3V SIM/UIM 卡，内置 15kV ESD 保护
	电源接口	端子接口，内置电源反相保护和过电压保护
供电	标准电源	DC 12V/0.5A
	供电范围	DC 5~36V
物理特性	外壳	金属外壳，保护等级 IP30。外壳和系统安全隔离，特别适合工控现场应用
	外形尺寸	91mm×58.5mm×22mm（不包括天线和安装件）
	重量	205g
其他参数	工作温度	−35~75℃
	储存温度	−40~85℃
	相对湿度	95% RH（无凝结）

附录 D　根云小匠显示屏说明

显示屏序号	显示内容	页面示意图
屏 1（默认）	正向有功电能	↓↑ T8　COM 12345678 kVAh kvarh **kWh**
屏 2	反向有功电能	↑ T8　COM 12345678 kVAh kvarh **kWh**

(续)

显示屏序号	显示内容	页面示意图
屏3	正向无功电能	12345678 kvarh
屏4	反向无功电能	12345678 kvarh
屏5	视在电能	12345678 kVAh
屏6	AB 线电压	38059
屏7	BC 线电压	
屏8	CA 线电压	
屏9	平均线电压	123 分别表示 AB、BC、CA,空白表示平均线电压
屏10	A 相电压	21996
屏11	B 相电压	
屏12	C 相电压	
屏13	平均相电压	123 分别表示 ABC,空白表示平均相电压
屏14	A 相电流	5.001
屏15	B 相电流	
屏16	C 相电流	
屏17	平均相电流	123 分别表示 ABC,空白表示平均相电流
屏18	A 相有功功率	33.096
屏19	B 相有功功率	
屏20	C 相有功功率	
屏21	总有功功率	123 分别表示 ABC,T 表示总有功功率
屏22	A 相无功功率	-33.037
屏23	B 相无功功率	
屏24	C 相无功功率	
屏25	总无功功率	123 分别表示 ABC,T 表示总无功功率
屏26	A 相视在功率	68.957
屏27	B 相视在功率	
屏28	C 相视在功率	
屏29	总视在功率	123 分别表示 ABC,T 表示总视在功率

（续）

显示屏序号	显示内容	页面示意图
屏 30	A 相功率因数	
屏 31	B 相功率因数	
屏 32	C 相功率因数	
屏 33	总功率因数	123 分别表示 ABC，T 表示总功率因数
屏 34	频率	
屏 35	设备运行时间	
屏 36	DI1 状态	
屏 37	DI2 状态	
屏 38	DI3 状态	
屏 39	DI4 状态	
屏 40	DI1 计数	
屏 41	DI2 计数	
屏 42	DI3 计数	
屏 43	DI4 计数	
屏 44	DO1	
屏 45	DO2	
屏 46~53	T1~T8 费率正向有功电能（只显示当前使用到的费率的电能）	
屏 54~61	T1~T8 费率反向有功电能（只显示当前使用到的费率的电能）	

附录 E 根云小匠的数据说明

地址	类型	描述	数据格式	单位	备注
0	RO	A 相电压	float	V	—
2	RO	B 相电压	float	V	—
4	RO	C 相电压	float	V	—
6	RO	平均相电压	float	V	—
8	RO	AB 线电压	float	V	—
10	RO	BC 线电压	float	V	—
12	RO	CA 线电压	float	V	—
14	RO	平均线电压	float	V	—
16	RO	A 相电流	float	A	—
18	RO	B 相电流	float	A	—
20	RO	C 相电流	float	A	—
22	RO	平均相电流	float	A	—
24	RO	A 相有功功率	float	W	—
26	RO	B 相有功功率	float	W	—
28	RO	C 相有功功率	float	W	—
30	RO	三相有功功率	float	W	—
32	RO	A 相无功功率	float	var	—
34	RO	B 相无功功率	float	var	—
36	RO	C 相无功功率	float	var	—
38	RO	三相无功功率	float	var	—
40	RO	A 相视在功率	float	VA	—
42	RO	B 相视在功率	float	VA	—
44	RO	C 相视在功率	float	VA	—
46	RO	三相视在功率	float	VA	—
48	RO	A 相功率因数	float	—	—
50	RO	B 相功率因数	float	—	—
52	RO	C 相功率因数	float	—	—
54	RO	总功率因数	float	—	—
56	RO	频率	float	Hz	—
58	RO	A/AB 电压相角	float	°	3P3W 接线时为 Uab 相角
60	RO	B/BC 电压相角	float	°	3P3W 接线时为 Ubc 相角
62	RO	C/CA 电压相角	float	°	3P3W 接线时为 Uca 相角
64	RO	A 相电流相角	float	°	
66	RO	B 相电流相角	float	°	

附录 F 英文缩略词

简称	英文名	中文名
ERP	Enterprise Resource Planning	企业资源计划
MES	Manufacturing Execution System	制造执行系统
PLC	Programmable Logic Controller	可编程逻辑控制器
RTU	Remote Terminal Unit	远程终端单元
IPC	Industrial Personal Computer	工控机
AGV	Automated Guided Vehicle	自动导引运输车
SCADA	Supervisory Control And Data Acquisition	数据采集与监视控制系统
DCS	Distributed Control System	分布式控制系统
GPRS	General packet radio service	通用无线分组业务
LoRa	Long Range Radio	远距离无线电
NB-IoT	Narrow Band Internet of Things	窄带物联网
4G	the 4th generation mobile communication technology	第四代移动通信技术
TCP	Transmission Control Protocol	传输控制协议
ASCII	American Standard Code for Information Interchange	美国信息交换标准代码
CRC	Cyclic Redundancy Check	循环冗余校验
LRC	Longitudinal Redundancy Check	纵向冗长校验
MQTT	Message Queuing Telemetry Transport	消息队列遥测传输协议
RFID	Radio Frequency Identification	射频识别技术

参考文献

［1］工业数据采集产业研究报告［R］. 北京：工业互联网产业联盟（AII），2018.
［2］王建伟. 数据为王——打开工业数据治理之门［M］. 北京：人民邮电出版社，2021.
［3］Frank Z2016. 夯实工业互联网的基础——聊聊如何做工业现场设备层的数据采集［EB/OL］.［2018-09-28］. https：//www.jianshu.com/p/8007e3b91385.
［4］栾燕，张娟娟，张健. 工业网关分类及关键指标分析［J］. 自动化仪表，2020，41（7）：5.
［5］李立群，刘林，宋温璞. 基于工业网关的设备互联标准化方案［J］. 物联网技术，2016（1）：32-33，36.
［6］刘彦舫，褚建立. 网络综合布线实用技术［M］. 3版. 北京：清华大学出版社，2010.
［7］刘春生，吴庭贵，张人丰，等. 基于S7协议的PC与828D实时通信设计与实现［J］. 机电工程技术，2019.
［8］北岛李工. 深入理解S7通信协议［EB/OL］.［2019-01-16］. https：//zhuanlan.zhihu.com/p/52618007.
［9］周海飞，任学良，胡春芬. 工业互联网网络运维［M］. 北京：高等教育出版社，2022.
［10］NTT DATA集团，河村雅人，大塚纮史，等. 图解物联网［M］. 北京：人民邮电出版社，2017.
［11］田春华，李闯，刘家扬，等. 工业大数据分析与实践［M］. 北京：电子工业出版社，2021.
［12］传感器大佬. 简析温度传感器的应用场景［EB/OL］.［2019-10-24］. https：//www.sensorexpert.com.cn/article/3012.html.
［13］博纬智能RFID. 物联网时代，RFID技术助力企业数字化转型［EB/OL］.［2020-09-29］. https：//www.sohu.com/a/421685236_99926186.